高校法治教育与法治意识培养研究

陈立峰◎著

文化发展出版社
Cultural Development Press
·北京·

图书在版编目（CIP）数据

高校法治教育与法治意识培养研究 / 陈立峰著 . —
北京 ：文化发展出版社，2023.12
ISBN 978-7-5142-4253-9

Ⅰ . ①高… Ⅱ . ①陈… Ⅲ . ①社会主义法制－法制教育－研究－高等学校 Ⅳ . ① G641.5

中国国家版本馆 CIP 数据核字 (2024) 第 024772 号

高校法治教育与法治意识培养研究

陈立峰　著

出 版 人：宋　娜

责任编辑：侯　娜　　责任校对：侯　娜

责任印制：邓辉明　　封面设计：守正文化

出版发行：文化发展出版社（北京市翠微路 2 号 邮编：100036）

网　　址：www.wenhuafazhan.com

经　　销：全国新华书店

印　　刷：天津和萱印刷有限公司

开　　本：710mm × 1000mm　1/16

字　　数：215 千字

印　　张：10.75

版　　次：2024 年 5 月第 1 版

印　　次：2024 年 5 月第 1 次印刷

定　　价：72.00 元

I S B N：978-7-5142-4253-9

◆ 如有印装质量问题，请电话联系：010-58484999

前　言

我国实行依法治国。只有提高公民的法治素养，才能更好地推行依法治国。从当前的情况来看，我国公民在法治素养方面还有进一步提高的空间。法治教育是提高公民法治素养的重要手段，因此必须把法治教育作为法治建设必不可少的组成部分。大学生是一个独特的群体，在公民法治教育中扮演着重要的角色。考虑到他们对中国未来法治进程产生的重要影响，应该特别注重加强对他们的法治教育。加强对大学生的法治教育，将他们培养成为具备良好法治素养的社会公民是高校必须肩负的重要责任。大学生的法治意识水平将在很大程度上决定未来法治建设的成败，因此研究和探索高校法治教育与法治意识培养具有十分重要的现实意义。

本书共六章。第一章为高校法治教育概述，分别介绍了高校法治教育的基本内容、高校法治教育的内涵、高校法治教育的价值、高校法治教育的发展历程四个方面的内容；第二章为高校法治教育的原则与目标，主要介绍了高校法治教育的基本原则、高校法治教育的方法原则、高校法治教育的培养目标三个方面的内容；第三章为高校法治教育的理论基础，分别介绍了高校法治教育的主体教育理论、高校法治教育的有效教学理论、高校法治教育的马克思相关教育理论三个方面的内容；第四章为高校法治教育与法治意识培养的现状分析，分别介绍了高校法治教育与法治意识培养现状、高校法治教育与法治意识培养影响因素、中美高校法治教育与法治意识培养研究三个方面的内容；第五章为高校法治教育与法治意识培养的问题研究，分别介绍了高校法治教育与法治意识培养的主要问题、高校法治教育与法治意识培养问题的成因两个方面的内容；第六章为高校法治教育与法治意识培养策略，分别介绍了学生能力提升、课程系统建设、校园环境建设、社会实践路径四个方面的内容。

在撰写本书的过程中，笔者参考了大量的学术文献，得到了许多专家学者的帮助，在此表示真诚的感谢。本书内容系统全面，论述条理清晰、深入浅出，但由于笔者水平有限，书中难免有疏漏之处，希望广大同行及时指正。

陈立峰

2023 年 6 月

目　录

第一章　高校法治教育概述

本章为高校法治教育概述，主要从四个方面进行了阐述，分别是高校法治教育的基本内容、高校法治教育的内涵、高校法治教育的价值、高校法治教育的发展历程。

第一节　高校法治教育的基本内容

我国高校的法治教育的基本内容主要集中在四个方面：法律知识、法律情感、法律意识和法律素质。大学生不仅要了解现代法学基本理论知识，而且要了解中国特色社会主义法律体系中的法律原则、制度和各种法规，这样可以更好地提升其运用法律知识解决实际问题的能力。

一、法律知识教育

目前，我国针对大学生普遍采用思想道德与法治课程作为传授法律基础知识的主要方式，旨在向学生传授法治和思想方面的知识，鼓励他们遵守法律法规，树立坚定的法治信念。

思想道德与法治这门课程主要介绍了法治基本原则、我国宪政制度以及我国现行法律体系的概况。此外，还介绍了法律援助渠道等相关内容。法治的基本理论包括对其意义的诠释，其所具有的必然性、曲折性和必胜性三个特征，以及作为最低限度基础条件的要素。《中华人民共和国宪法》（以下简称《宪法》）确立了宪政的核心价值观、基本制度保障措施，以及公民的基本权利和义务。

我国高校法律知识主要分为以下三部分。

（一）理论性法律知识

理论性法律知识指的是大学生对法律知识理论层面的认知，包括对习近平法治思想、中国特色社会主义法治理论、依法治国理念、法治国家进程以及我国立法和法律实施等基础性理论知识的了解和掌握。

（二）普及性法律知识

普及性法律知识是指大学生通过国家各项普法活动了解到的法律知识。我国设有中国普法网、教育部全国青少年普法网等官方性普法网站，法律讲堂、普法栏目剧、普法微博账号、普法微信公众平台等多种形式相互依托，共同构建我国普法体系，推动普法工作顺利进行。此外，高校每年进行的宪法日宣传及法学知识进校园等活动也是宣传法律知识的有效手段。

（三）专业性法律知识

高校是大学生获取专业性法律知识的重要阵地。当前，我国大学生专业性法律知识主要包括两个方面：一方面是指高校法学专业的学生通过专业课程学习对专业课程的理解和把控；另一方面是指高校非法学专业学生对于与本专业密切相关的法律知识的储备和运用，如理工科专业的学生应多关注《中华人民共和国知识产权法》（以下简称《知识产权法》）相关规定，行政管理专业的学生应主动学习《中华人民共和国行政法》（以下简称《行政法》）方面的法律知识，财税专业的学生要加强对《中华人民共和国税法》方面的法律知识的学习，等等。

二、法律情感教育

“情感”指的是人类对外界客观事物所产生的内部反应，在心理学领域被广泛使用。法律情感是针对法律现象引起的感性认知，建立在先前的法律知识和观念的基础上，由个人反应形成的情感。因此，法律情感一旦建立起来就会相对稳定，并与法律认知互相配合，共同塑造人们的行为方式。这种情感可以表现为同意、支持和认同，也可以表现为反对、抵制和否定。积极的法律情感能够促进人们对法律的认知，进而有助于人们形成对法律的信仰。反过来说，若缺乏对法律的情感认知和坚定信仰，将会严重阻碍人们形成对法律的理解和尊重。大学生法律情感教育的目的在于透过有条理的课程安排和实践活动，让学生全面理解法律知识，进而树立合法合规的法律信仰。

（一）教育大学生认同法律

认同法律意味着对其规定和行为方式持赞同的态度，而不是持否定或怀疑的态度。社会主义法律的制定遵循科学合理的原则，旨在反映人民的意志。作为未来社会主义建设的关键力量，大学生应该对我国法律抱有肯定和信赖的态度，积极认可并遵循法律规范。

（二）教育大学生尊重法律

尊重法律意味着在生活中遵守法律规定，将其视为行为规范。个人或组织必须尊重法律，并铭记法律的至高无上原则，不得违反法律规定。我们都应该尊重法律，服从法律。作为大学生，不仅应当认同法律并予以尊重，更应将法律规范视为自身行为的准则，以避免任何违法行为的产生。

（三）教育大学生热爱法律

热爱法律是指对法律的强烈渴求和不断追求，表现出热爱之情。热爱法律就是要积极地宣传和倡导法律，并让更多人认同和尊重法律，共同维护法律权威。大学生应该自发地了解法律知识，然后积极地通过向社区和乡村发传单、开讲座等方式来普及法律知识。这样可以激发更多人对法律产生兴趣，进而将学习和热爱法律作为生活的重要组成部分。

（四）教育大学生信仰法律

法律信仰是指人们内心对法律的信任、崇敬和信仰，让法律在人们的心中拥有最高的威望和地位。在高校法治教育中，培养法律信仰是最重要的法律情感。这是因为法律信仰是法律情感的最高阶段，并且具有重要的作用。大学生正处于人格塑造的重要时期，他们很容易被各种社会现象所迷惑而迷失方向。在大学期间，培养学生信仰法律是很有必要的。通过这种方式，他们将牢牢地树立正确的行为准则，并有能力巧妙运用法律手段保护自己的合法权益。除了畏惧法律外，法律信仰还涵盖了对法律的支持和尊重，帮助学生树立坚定而稳固的法律情感。

大学生接受法律情感教育，不仅应熟知具体法规，更应感受到法律权威的神圣和公正，激发忠诚、热爱之情并树立追求法律的精神，从而达到对法律的崇敬和信仰。

三、法律意识教育

法律意识是指人们对法律以及相关现象的主观认知和理解，它是社会意识的一种表现。大学生对法律的理解和反应取决于他们是否具备法律知识。大学生在日常中积极运用法律知识，从而对自己和他人的行为是否合法进行准确判断。法律意识教育能够促使大学生自觉遵守法律法规，维护自身和社会的权益。法律已经成为评估人们行为的基本准则，在现代社会里发挥着重要的作用。在法治观念的引导下，大学生能够预估人们之间的行为方式。如果大学生能够树立正确的法律意识，就可以有效地控制自身的行为，从而避免走上错误道路。反之，持有消极的法律意识可能会导致大学生对法律产生错误观念和不健康的情绪，导致法律规范的有效性大大降低，个人行为与法律要求背道而驰。

大学生法律意识教育包括以下内容。

（一）大学生的法治信仰

法治信仰是指人们对法律的信赖和崇敬，他们坚信法律是公正的，追求公平正义。按照法国哲学家让－雅克·卢梭（Jean-Jacques Rousseau）的说法，一切法律中最重要的法律，既不是刻在大理石上，也不是刻在铜表上，而是铭刻在公民的内心里[①]。这句话之所以能够成为经典并为各个国家所引用，其主要原因就在于卢梭道出了一个国家法治进程的关键所在。法律作为调解社会关系的重要工具，其只有被公众信仰，为公众信服，才能真正在公众心中形成约束力。大学生的法治信仰主要包含以下内容。

1. 对中国特色社会主义法治体系的信仰

中国特色社会主义法治体系是在中国共产党指导下演变而来的一套法律规范，以中国特色社会主义法治观为指导理念，充分遵循法治原则，强化法治监督、保障和执行，构建符合党内法规的体系，鼓励科学立法、严格执法、公正司法和全民守法，推动国家治理体系和治理能力现代化。通过了解中国特色社会主义法治体系，大学生可以更深刻地认识并接受这一体系，从而推动高校法治文化的快速发展。

2. 对建设社会主义法治国家的信仰

1997 年党的十五大以来，依法治国方略被确立为党领导国家治理的重要途径。此外，1999 年的《中华人民共和国宪法修正案》明确提出了建设社会主义法治国家的目标。此后，党的历次全国代表大会和多次中央全会，通过引入新的观点，进一步充实和深刻了依法治国和法治国家理论，尤其是在党的第十八届中央委员会第四次全体会议上，不仅在全面推进依法治国战略上取得了重要进展，而且在全面推动依法治国和建设法治国家的理论方面进行了创新和发展。建设法治

① 张海斌．法象与法意 [M]. 北京：知识产权出版社，2020.

国家不可或缺的条件是必须协作推进依法治国、依法执政、依法行政，同时全面推动法治国家、法治政府、法治社会的统一建设。为了建设社会主义法治国家，需要同步推进“一个共同推进”和“一个一体建设”，激发各方面的积极性和主动性。

对建设社会主义法治国家的认知水平和认同感，直接影响到大学生对建设社会主义法治国家战略实施的认识，是推进高校法治文化建设必须关注的重要课题。

大学生是社会主义先进文化的传承者与践行者，是中国法治文化建设的践行者与推动者。大学生将来要走出校门，走进社会。因此，大学生对法治的真诚信仰、对法治事业的热心拥护，将能够有效带动全社会形成知法、守法、用法的良好氛围，最终将大力推进依法治国全面有序展开。法律知识只有被信仰，才能引导大学生自觉遵守法律规定，正确行使权利，切实履行义务，能够正确使用法律维护自身合法权益。

（二）大学生的权利意识

权利是权利主体依法享有自己为或不为，或者要求他人为或不为的可能性。权利意识就是对权利的认知，即对权利的认知以及如何行使权利的认识、理解，其主要包含以下四个方面的内容。

1.针对自我的权利意识

针对自我的权利意识主要指大学生针对自身的行为所具有的权利意识，即大学生可根据自己的意愿为一定行为或不为一定行为，而不用担心受到谴责和惩罚。例如，大学生享有选举权，其依法具有选举国家代表机关的代表与其他公职人员的权利，任何人不得以民族、种族、性别、职业、家庭出身、宗教信仰、教育程度、财产状况、居住期限为由，剥夺其选举权利。又如，大学生对于自己独立设计完成的美术作品依法享有发表权，有权自主决定放弃将该作品发表，而不受他人干涉。

2.针对他人的权利意识

针对他人的权利意识主要指大学生针对他人的行为所具有的权利意识，即大学生为确保自身利益的实现，可要求他人在对应的义务范围内为一定行为或不为一定行为。例如，随着网络购物的兴起，大学生在购物过程中享有“七天无理由退换货”的权利，当产品质量出现瑕疵，大学生有权联系卖家退货并要求退款。

3. 权利边界意识

权利边界意识是指大学生对权利范围及限度的认知，不能因为其享有某项权利就可以无所顾忌、不受任何约束。大学生权利边界意识主要有两层含义：一是大学生要在法定范围内行使权利，一旦超越法律边界，“权利”将不再是权利；二是大学生超越权利边界行使权利，其实质是对他人权利的侵犯，将面临一定惩处，承担相应的法律责任。

4. 权利与义务的对等意识

权利与义务的对等意识是指大学生应明确知道其权利与义务对等，在法治社会中既没有无权利的义务，也没有无义务的权利，两者不可偏废。大学生在积极行使权利的同时也要注重履行其法定义务。

（三）大学生的守法意识

大学生的守法意识是指大学生能够坚持将法律作为自己的行为准则，依照法律行使权利、履行义务，其主要包含积极守法意识和消极守法意识两方面的内容。

1. 大学生的积极守法意识

大学生的积极守法意识主要指大学生以维权为中心的有限守法观，即大学生能够积极主动地行使法律授予的权利，维护自身的合法利益。

2. 大学生的消极守法意识

大学生的消极守法意识主要指大学生以服从为中心的消极守法观，即大学生在正常的生活和学习中，能够严格遵守法律的规定，约束自己不去做法律法规不允许的事情。消极守法意识是传统的守法观念，表现为消极被动地履行法律义务，虽然不去触碰法律的底线，但对于侵犯自身权益的事情也不做积极反抗。

守法的状态是指人们对法律的遵守程度，包括守法的最低状态、守法的中层状态和守法的高层状态三个部分。没有触犯法律是守法的最基本要求，也就是最低状态；守法的中层状态指依据法律行事，建立统一的法治秩序；守法的高层状态表现为遵守法律精神和要求，认真履行法律责任，积极行使法律权利，最终达成法律调整的目的。这不仅要求外在行为合乎法律规定，还要求内在动机符合法律精神。

四、法律素质教育

法律素质教育是大学生法治教育的重点，主要包括法律思维能力教育、守法能力教育、用法能力教育等方面。

（一）法律思维能力教育

法律思维能力是指人们具备运用法学原理和法律条文进行问题分析和决策的能力，并能够根据法律的规定来指导自己的行为。因此，法律思维强调对行为的合法性分析。对法律咨询人员而言，在研究社会现象和行为时，他们会优先考虑是否符合法律规定，并进一步分析其构成要素。要想运用法律思维，必须先掌握一定的法律知识和理论基础。法律思维的质量取决于个人的基础，法律思维的广度和深度直接受制于其基础的品质。这些“基础”指的是个人已经熟知的法律知识和已经形成的法律观念。

只有通过积极参与日常的法治课程学习，大学生才能将所学的法律知识和技能转化为实践能力，逐步形成独立的法律思维模式。形成法律思维方式的秘诀在于掌握法律知识以及养成适当的法律意识。构成法律思维的基本要素包括法律知识、法律方法和法律意识，它们之间相互关联、相互作用，并共同影响着法律思维的形成。参与法律实践的大学生必须展现出这三方面的能力。

（二）守法能力教育

高校应该在提高学生遵纪守法素质方面下功夫，同时注重让他们通过实践学习遵守法律规范。守法能力教育的重点应放在通过实践来强化学生的法律意识并不断规范行为上。仅仅学习法律知识和拥有法律意识并不能保证学生做出符合法律法规的良好行为。为了让学生更加深刻地认识到法律的重要性并巩固他们的法治意识，必须通过实践来引导并促使他们亲身参与到守法行动中。高校应帮助学生通过自主思考做出决策，领会道德行为的规范，同时提升评估行为的能力；协助学生逐渐发展自我反思、辨别和采用正确行为方式的能力。大学生不仅要遵守校规校纪，而且要培养守法的习惯，进而遵守国家和社会方面的法律法规，以良好的公民形象积极参与国家的政治、经济、社会活动。

（三）用法能力教育

尽管大学生在学习法律的过程中获得了法律知识，但并不意味着他们能够娴熟运用法律。教育者需要注重培养大学生分析和解决法律问题的能力，这样在教授法律知识的过程中，他们才能更好地应用所学知识解决实际问题。然而现实情况是，由于缺乏足够的法律实践经验，大学生难以将学习的法律理论应用于现实法律问题中，从而无法解决那些侵害自己合法权益的法律问题。在实习阶段，部分大学生会面临竞争激烈的就业形势，其中有些人可能会陷入合同纠纷的困境。

这或许是因为部分大学生只是在理论上掌握了《中华人民共和国合同法》（以下简称《合同法》）中的知识，并没有实际操作经验。大学生用法能力教育的目标是提高大学生在运用法律维护自身权益方面的能力，主要是通过培养他们的洞察力、问题分析与解决能力以及参与和管理能力来实现的。

第二节　高校法治教育的内涵

法治教育就是一种法治建构活动，它旨在唤醒和引领人们的思考方式，透过有针对性和有计划性的法治观念和实践教育，不断加强人们对法治的认知和信念，使其在日常生活中主动地遵循法治原则。

一、高校法治教育是法治建构活动

高校法治教育是在建构法治社会的过程中，以教育为手段，培养人们对法治的认识和理解。法治是人们为了自身利益和社会秩序而在后天建构的，其基础是理性思考。公众对法治的了解程度有限，因此需要进行法治教育，让他们能够理解、领会和接受法律制度及其精神理念。所以，改革法治教育是一项法治建构活动，涵盖国家、社会和个人的共同努力。只有拥有了法治所需的精神和人才资源，才能使法治对国家、社会和个人产生贡献。因此，该活动的目的就是汇集这些资源。学者普遍认为，法治教育的目标在于促进法治社会的建设，使全体公民在懂得法律、遵守法律的基础上，享受法治带来的良好社会秩序[①]。这一观点可以从我国法律制度的演进和法治教育的发展历程得到证实。

我国的法治教育可以追溯到夏商周时期。在那个时代，法律主要被奴隶主、贵族等掌控，普通百姓难以理解。统治者认为，一旦使其获知法律，法之威严便会受到损害[②]。因此，教育的主要内容包括识字、阅读、礼乐和骑射等方面。为了有效管理社会，当地政府官员需要向民众传达禁令和法规，以促进法律的普及和执行。春秋战国时期，各诸侯国为了求得变革，非常注重法家思想并将其付诸实践，通过采用以“以吏为师”“以法为教”为核心的教育体制和内容，在法律教育领域取得了显著成效。在此过程中，各诸侯国对奖励耕战国策的成文法教育格

① 庹继光．法律传播对实现法律互动的价值[J]．当代传播，2008（1）：79—81．

② 秦铁铮．当代中国法律信仰实践进路：从秦代法治的视角[J]．北京社会科学，2013（5）：94—100．

外注重，进一步推进了法治教育的发展，魏、秦等国得以强大起来。虽然在秦汉时期，秦代非常注重法律惩罚，但更多地采用了社会教育的方式进行法律教育，取消了官学，禁止私学，法律教育的中心转变为学室。所谓学室，是兼有供未来文秘人员实习或见习之职的办公室的别名[①]。在古代，教育的主要内容是秦律、诏令、法令和司法文书等法律知识。因此，法吏的职责是传习律令之学，核对颁布法令，并解答官吏和人民有关法令方面的问题[②]。汉代的官学与私学并举，太学教授主要讲授儒家经典，这些经典中包含许多法律思想。私学不仅是教育学生的场所，还可以透过法律学习或家族传承等方式，传授法律知识以及培养人们的思想。在魏晋南北朝时期，律学逐渐发展成为一种独特的法律教育和传承方式。

随着清末国门的开启和法律体系的改革，传统的法律教育方式被改变，逐渐兴起了专职的法律教育学校和结合社会教育的新型模式，各地学校都把法律课程视为必修科目，尤其是法政学校更注重培养专业法律知识人才。通常，社会法律教育将印刷品作为传播工具，其中包括报纸和书籍等媒介。关于法律评论的文章在报纸中尤为受欢迎，因为它们引起了公众对法律修订问题的关注，进而引发了广泛的社会讨论。随着资产阶级法律的推行，民国时期的法律教育发生了重大变革，其重点从传统法律教育向现代法制和文化教育转移，更加注重民主和共和理念。尽管形式上延续了清末的法律教育学制，但也在不断发展和完善。在民初时期，基于清末“癸卯学制”，教育部构建了一整套法律教育体系，其中包括官办、私立和教会大学与法政专门学校。随着新文化运动的风靡，法律教育已开始进行重新调整与转型，因此壬戌学制应运而生。这要求重视法律专业人才的培养，并积极推广西方法律文化。

自中华人民共和国成立以来，我国一直致力于推进法治教育和普及法治观念。自改革开放以来，一直遵循建设社会主义法治国家的指导思想，致力于推进大学法治教育的发展。通过更加合理的课程设置和专业化的学科建设，有助于大力培养专业法律人才，为建设法治社会打下了坚实的基础。同时，社会法治教育也开展了广泛的活动。自 1985 年开始，已经举办了六次全国普法教育活动。这些活动的主要目的是普及基本法律知识、重点宣传《宪法》等专门法律以促进各项事业依法推进、增强法治意识和观念以提高依法办事的能力、提高全民法律素质以

① 曾宪义，王健，闫晓君．律学与法学：中国法律教育与法律学术的传统及其现代发展[M]．北京：中国人民大学出版社，2012.

② 蔡永明．论清末法律教育的改革[J]．陕西师范大学学报（哲学社会科学版），2014，43（4）：148—154.

实现社会管理的法律化、全面提升法治教育的文化品位以增强不同主体依法治理的自觉性、推进社会主义法治文化建设以形成自觉践行法治的社会环境。这些活动的开展使得广大人民群众和各级领导干部都在法治方面有了极大的进步，“法治中国”的核心内容已经确立，包括建设法治国家、法治政府和法治社会。

高校法治教育是法治建设不可或缺的一部分，它旨在通过多样化的法治宣教与教育活动，提升大学生对法律知识的了解，大力培育法律专才，推动全社会法律文化的形成，有效维系国家管理及社会生活的有序运行，为法治的形成奠定重要基础。

二、高校法治教育是一种法治传播与认同的活动

高校法治教育是一种法治理念的传播和认同活动。教育涉及互动，教育者和受教育者基于特定的学科内容进行交流。高校法治教育是围绕着法治及其相关现象展开的，由教育主体发起的互动学习活动。在这类互动中，教育者会与受教育者进行沟通和交流，以此传授法律内在的价值和精神，建立起对法治的一致认知和理解，促进形成法治共识。

该过程旨在确保法治观念得到广泛传播和认同。因此，可以将高校法治教育看作促进形成法律共识的活动过程。法治传播是高校法治教育的前提，起到了引领和推动的作用；而法治认同则是高校法治教育的核心要素，直接关系到教育效果的成败。法治教育通过互相推动和互相构建的方式，形成了凝聚法治共识的内在机制和基本规律。

（一）作为法治教育外显层面的法治传播

在高校法治教育中，教育者通过选择法治信息、规范教育媒体，向受教育者传递法律知识，促进法治观念的传播。从内涵上看，法治传播是以法律法规为主要内容的传播活动，其目的在于传递法治信息，弘扬法律精神。这描述的是以法律作为中心，涵盖了在社会治理和人类社会生活中所产生的法律信息，被称作法治信息。有学者指出“法律信息是法律领域各种要素的总和，是法律运动的状态、方式和结果。法律信息由法律知识、法律活动和法律发展构成。法律知识、法律资料是法律历史信息，法律活动、法律实践是法律现实信息，法律过程、法律变化是法律回溯、预测信息”①。法治价值观是指法治信息中所蕴含的关于法治本质

① 李振宇．法律传播学[M]．北京：中国检察出版社，2004．

的价值观念。当前，法治宣传主要倡导的价值观念有法治理念的百姓拥有主权、法律至高无上、人权保护、监督制衡、依法行政和公正司法，以及法治精神中的自由、平等和正义等。

（二）作为法治教育内隐层面的法治认同

高校法治教育的目标是通过普及法治概念，让人们能够理解并支持制定健全的法律，从而达成对法治的认同。根据山东大学的李春明博士和诸城市人民检察院的王金祥检察官的观点，法治认同是指公众通过实践经验和理性对法律进行评判，因法律顺应公众的价值期待、满足公众的需要，公众从而认可法律、尊重和信任法律、愿意服从法律的过程[①]。这个定义从法律的角度阐述了法治认同的含义，具体表述了对法律的认可。有学者从法治文化的角度入手，认为法治认同主要涉及对一种文化的认可，这种文化不仅包括对法治制度的接受，更加强调对法治精神文化的认同。只有对法治制度文化的认同，没有对法治精神文化的认同，国家的法律制度不可能真正得到有效的实施[②]。因此，法治认同意味着承认并接受法治制度及其中蕴含的法治精神。作为一种心理过程和其结果，认同可以表现出接纳和赞同的状态，暗示着内在和潜在的认可。这表明法治认同不仅是高校法治教育的目标，而且是高校法治教育中至关重要的潜在因素。只有当人们接受了法治的理念并认同它时，高校法治教育才能真正实现其目标。

三、高校法治教育旨在塑造法治人格与构建法治文化

教育是人类社会特有的一种活动，其根本目的在于实现某种预期结果，因此可以说教育是一种具有明确功能的传递过程。孔子是中国古代著名的教育家，他认为“学而优则仕”，即通过教育使人们能够更好地为社会服务。他提出了“修身、齐家、治国、平天下”的发展途径，凸显了教育对推动社会进步的重要性。尽管他也强调个人的成长，但他更加强调教育应该以社会目标为导向。因此，我国强调教育的实用性和工具性。古希腊哲学者柏拉图（Plato）与孔子不同，在教育上的关注点不是社会关系，而是个人的道德理性，注重个人的发展。柏拉图认为，国家的最高领袖应被视为最具知识和哲学的智者，而只有通过教育才能获得这样的智慧。于是，他把教育的焦点放在塑造个人的品格方面，尤其是针对年轻

---

① 李春明，王金祥．以“法治认同”替代“法律信仰”：兼对“法律不能信仰”论题的补充性研究[J]. 山东大学学报（哲学社会科学版），2008（6）：103–109.

② 卢建军．法治认同生成的理论逻辑[M]. 北京：法律出版社，2014.

人。他认为，培养学生的品德是教育的关键，无论是从个人还是社会的角度来看，教育都是不可或缺的，不论是个人能力的提升还是社会发展的推动，两者都紧密相连、互为补充，共同构成了教育的重要功能，尤其是考虑到我国致力于建设法治社会的现状，高校提供的法治教育对于推动个人及社会法治进步起着至关重要的作用。高校法治教育在个人层面旨在培养符合法治原则的人格，而在社会层面旨在建立法治文化。

（一）作为高校法治教育个体功能的法治人格塑造

随着人类的发展，教育从注重知识转向注重能力，进而演变为注重培养品德。特别是自 20 世纪以来，随着市场经济体制的建立，教育改革变得愈发重要。尽管知识的作用在于帮助人们理解世界，但人们已经意识到将知识转化为自身能力才是更为重要的一步，这就是为什么教育领域强调人类能力的培养。然而，越来越多的人认识到，掌控自我只是人类成为自我管理者的一面。人类获得成功的关键以及个人全面发展的重要因素，在于培养和完善个人的品格。因此，就个人而言，教育的首要目标是培养人才，而培养人才的核心在于发展和完善人格。个体在行为上的内部倾向，表现为个体适应环境时在能力、情绪、需要、动机、兴趣、态度、价值观、气质、性格和体质等方面的整合，是具有动力一致性和连续性的自我，是个体在社会化过程中形成的给人以特色的身心组织[①]。依据这个定义，人格实质上是每个人特有的心理构成。这种思维方式源自个人内在的需要、动机、喜好和信念，涵盖了能力、情感状态、态度、个性特征以及品质等方面。这种心理模式会反映出人们的倾向性行为，并在认知和交际等活动中不断形成和发展。因此，可以这样理解法治人格的含义：在遵守法律的社会中，每个人都将法律价值观作为内在基础，拥有法治思维、法治能力和法治素养等心理元素，并在言行举止中表现出遵守法律的态度。在法治社会中，具备法治人格的人通常表现出以下特征：他们具备较高的法律素养，能够自觉遵守法律规定，并把维护法律权威视为自己的责任和义务；他们坚信法律是公正合理的，且能够维护社会秩序和公共利益；他们能够以法律为准则来思考和解决问题，并有能力运用法律知识来维护自己的利益。现代化法治国家建设的关键在于培养公民的法治人格。建设法治社会的目的在于确保有符合要求的法治实施者，而这些实施者通过塑造法治人格进行培养。高校法治教育的目标是培养具备法治人格的人，这与建设法治社会的要求相同。因此，可以得出结论：高校法治教育在个人层面具有培养大学生形成

① 黄希庭．人格心理学[M]．杭州：浙江教育出版社，2002．

法治品格的作用。高校通过法治教育可以增强个人对法治的情感认同，加深对其意义和作用的理解，并提高个人遵守法律的能力。这将有助于个人慢慢地形成以法治为导向的思考方式和行为准则，最终实现内化，成为自觉的法治观念。第四次全国性普法教育运动强调增强人民的法律意识，提高法治品质以更好地适应社会需求。

（二）作为高校法治教育社会功能的法治文化构建

教育的个体功能是通过塑造个人的个性和促进个人成长来实现的，而社会由众多个体汇聚而成，促进人类的发展又会带动社会的进步。因此，教育在一定程度上也扮演着社会推动者的角色，有助于促进社会的发展。自清末以来，新式学堂逐步兴起，引入了西方教育思想。改革开放以来，我国积极推动科教兴国战略，这显然彰显了教育在推进社会进步方面不可或缺的功效。教育是一种传递信息和文化的行为，它有助于提高个人素质、培养人格，同时有助于促进文化在社会中的传播，推动整个社会文化的发展。这说明教育在社会文化构建方面具有重要作用。考虑到这一点，高校可以借助法治教育，传递与法治观念相关的信息，从而促进全社会对法治文化的认识和认同，并最终推广这些价值观念。构建法治文化的重要方式之一是高校法治教育，它可以从以下三个方面发挥作用。

1．高校法治教育深化法治认知

法治认知是指个体对法治以及法治实践的感知和理解。人们对法治的认知可以分为自发的认知和自觉的认知。就法治而言，自发的认知方式是一种来自内心的、感性的认知方式，而自觉的认知方式则是基于目的性和理性思考的。高校法治教育扮演着至关重要的角色，它不仅有助于培养自发的法治认知，也有助于培养自觉的法治认知。大学生在法治认知方面可能会自然而然地形成一些感性、不够准确的认识，需要通过高等教育提供的多种形式的法治课程，加深对法治相关知识和实践的理解和熟悉，以获得全面、准确的法治认知。在另一层面上，法治和其文化的存在是因为人们需要它们来建立一个有目的性和复杂性的社会。要使人们自觉地了解和认知法治，需要进行一定程度的法治教育。

2．高校法治教育弘扬法治精神

法治文化的基石和精髓在于秉持法治精神。高校实施法治教育的目标是通过有效的法制宣传，传承和推广法治理念，使学生深刻理解并坚定信仰法治的重要性。

3. 高校法治教育交往促成法治认同与共识

在传播法治精神的过程中，也进行了法治交流。教育主体通过交流和沟通，相互传递法治理念、精神和价值观，将逐渐产生对法治的认同，并与其他教育参与者建立起对法治的共识。

高校法治教育与培养法治精神，促进社会法治文化的建立紧密相连。首先，这两种情况的受益者都是个体，直接作用的对象相同。特别是在推进法治文化的建设方面，一个人对法治及其价值观的理解、认同乃至信仰是实现这一目标的重要基础和前提。其次，确立法治文化促进了法治人格的塑造，而树立法治人格则促进了法治文化的形成。同时，建设法治文化为形成法治人格和培养法治公民提供了有利的社会背景，有助于个人自觉地融入法治社会。

第三节　高校法治教育的价值

法治教育有没有价值、到底有何价值是法治教育需要解决的重要问题。在马克思看来，“价值”这个普遍的概念是从人们对待满足他们需要的外界关系中产生的[①]，这就清楚地表明，法治教育的价值源于主体的需要，法治教育价值的形成条件是法治教育客体有满足主体需要的属性，法治教育价值的形成实际上就是法治教育主体与法治教育客体之间的需要与满足的关系。可见，法治教育主体、法治教育客体、法治教育主体与客体之间的关系是法治教育价值研究的三个重要问题。由此可见，法治教育的价值是一个关系范畴，而这个关系范畴带有生成性，其生成性就是指动态性、发展性，既包括人的发展，也包括社会群体的发展、社会整体的发展以及整个人类社会的发展。法治教育的价值就是从动态的角度考察法治教育是如何满足法治教育主体的需要的。

一、高校法治教育的价值主体

高校法治教育的价值主体就是高校法治教育主体，高校法治教育主体是与高校法治教育客体相对应的一个概念，高校法治教育主体是从哲学的高度来认识理解高校法治教育，是哲学上的主体概念，所以我们可以认为高校法治教育主体就

① 马克思，恩格斯．马克思恩格斯全集　第19卷[M]．中共中央马克思恩格斯列宁斯大林著作编译局，译．北京：人民出版社，1963.

是具有思想、思维，运用物质和精神认识和改造世界的大学生。

高校法治教育主体与高校法治教育客体要联系起来理解，没有脱离法治教育客体而存在的法治教育主体，也没有脱离法治教育主体而存在的法治教育客体。不过，对于高校法治教育的主体与客体的关系，又不能仅仅从价值层面来理解。一般而言，高校法治教育的主体与客体的关系表现为实践关系、认识关系和价值关系。在高校法治教育实践中，法治教育主体是实践主体；在高校法治教育的认识关系中，法治教育主体是认识主体；而在高校法治教育的价值关系中，法治教育主体是价值主体。高校法治教育主体的三种身份要放在现实的法治教育社会实践中来理解，有时独立，有时重合、一致，很难完全分开。可见，高校法治教育主体既可以当成认识理解，也可以当成实践理解，而我们这里主要是当成价值理解来研究。

但是，只要我们讨论的是高校法治教育价值，就必须讨论高校法治教育主体，因为高校法治教育主体总是价值中的主体，而高校法治教育的价值也离不开高校法治教育主体，离开高校法治教育价值也就无从谈起高校法治教育价值主体。在马克思看来，"'Value，Valeur'这两个词表示物的一种属性。的确，它们最初无非表示物对人的使用价值，表示物对人的有用或者使人愉快等属性。……实际上是表示物为人而存在"[①]。也就是说，高校法治教育的价值是法治教育客体与法治教育主体的一种属性，是指法高校治教育能够满足法治教育主体的需要，与高校法治教育主体发生的特定的效用关系。没有高校法治教育主体和高校法治教育主体的需要，没有与高校法治教育主体和高校法治教育主体的需要发生关系，也就不会有高校法治教育的种种属性。也就是说，高校法治教育客体要主体化且与主体联系，高校法治教育主体的需要是构成法治教育价值的基础，而高校法治教育客体是由于高校法治教育主体而存在的。

还要看到，高校法治教育主体是具体的法治教育主体，而不是抽象的法治教育主体，法治教育主体总是一定阶级、阶层、社会集团中的主体，它有特定的生产、生活方式。这就不难理解，不同国家的法治教育不一样，甚至同一个国家在不同历史时期的法治教育也不一样。在同一历史时期，对大学生的法治教育不同于对党员干部的法治教育，也不同于对农民工的法治教育。也就是说，从法治教育价值主体这个角度讲，法治教育要有针对性，没有普遍的法治教育。这就要求

① 马克思，恩格斯．马克思恩格斯全集　第26卷[M]．中共中央马克思恩格斯列宁斯大林著作编译局，译．北京：人民出版社，1972．

我们在制定法治教育政策时有针对性，不能脱离具体实际、具体情况开展法治教育。在开展法治教育时，要研究法治教育主体有何需要、这种需要有何特点。

二、高校法治教育的价值客体

法治教育本身即法治教育的价值客体。法治教育作为价值客体具有满足价值主体的需要，与价值主体产生关系，形成法治教育的价值。作为价值客体的法治教育是法治教育价值重要的研究对象。这里需要认识到的是，何为法治教育客体，法治教育客体有何特征、属性，这些特征、属性是怎样形成的，又会怎样发展变化，其发展变化的趋势是什么，在当今这个时代背景下又该如何把握法治教育客体，怎样运用这些客体来满足法治教育主体的需要等一系列问题是研究法治教育客体的主要内容。

（一）法治教育客体的含义

从哲学的角度讲，客体是指主体之外的客观事物。客体是相对于主体而言的，没有主体就没有客体。也就是说，某一事物衍化为主体形态，与之处于对应关系的事物就是客体。在特定的法治教育活动中，法治教育主体与提供法治教育资源的部分都可以称为法治教育客体，这是广义的法治教育客体。广义的法治教育客体包括法治教育实物资源、制度资源、教材、教师、开展的法治教育活动、运用的法治教育方法、法治理念、对法治教育自身的理解等；而狭义的法治教育客体则是指法治教育活动。

在法治教育的价值中，既要研究广义的法治教育客体，也要研究狭义的法治教育客体。要分析法治教育客体的属性，尤其是狭义的法治教育客体的属性，并在实践中正向拓展这种属性，最大限度地满足法治教育主体的需要，实现法治教育的价值。

就广义而言，法治教育客体是个宽泛的范畴，也就是说，与法治教育主体相对应的都可以称为法治教育客体。确立广义的法治教育客体概念，有利于从联系的角度、整体的角度、宽广的视野思考法治教育，开展大视域的法治教育。也就是说，法治教育不仅是法律条文、法律知识、法律程序等的教育，而且是国家制度、政治制度、社会制度、经济制度、文化制度的教育，是一个国家意识培养的教育，既涉及法治教育活动、教材、媒体、手段、方法、策略、制度支撑，也涉及与法治教育主体对应的各种客体因素。事实上，我国的法治教育就是在广阔的社会大背景、大视域下开展的。过去，我们对法治教育广义的客体研究不够、重视不够，这不仅影响了法治教育的实效性，也影响了人们对法治教育价值的认识，特别是影响了对法治教育功能和作用的认识。目前，随着我国全面推进依法治国，法治在国家和社会中的作用日益凸显，因此有必要对法治教育客体进行重新界定、理解，尤其是要把广义的法治教育客体纳入研究的范围，以利于将来我国从国家战略意义上来认识法治教育、规划法治教育。

就狭义而言，法治教育客体就是指法治教育活动。法治教育活动就是指法治教育、教学活动，主要是指学校的法治教育活动。满足人的哪些需要，这是狭义的法治教育要研究的。在法治教育活动中，人对法律知识、治理知识的学习，对国家的法律、制度的了解，对与自身的生活、生产密切相关的权利、义务的了解，对权益的实现路径、保障手段、实现程序等的学习、习得、养成、践行，无疑是狭义的法治教育活动的主要内容。除了要研究法治教育客体的内容之外，还要研究法治教育客体的组织方式、活动的组织机构的建立，还要考虑活动本身的有效性。

（二）高校法治教育客体的特性

1. 教育性

高校法治教育既然是一种教育活动，那么它必然以各种形式影响人的思想和行为，促进人的身心发展。因此，教育性是高校法治教育的首要基本特性。高校法治教育的教育性与高校法治教育的知识性密切联系，不仅培养人的规则意识、权利义务意识，而且培养人的德性。其一，高校法治教育能够使大学生对“大道”、规律进行认识和把握，因为在现代社会，尤其是科学技术规范、环境保护规范、公共社会规范等本身就是自然规律的结晶和体现。因此，高校法治教育的教育性主要体现在两个方面：一方面，通过法治教育涵养人的德性；另一方面，通过对法治教育条文、规范的理解，加深对人类社会和自然界规律的认识和把握，促使人从必然王国走向自由王国，促进人的道德升华。当然，这里的道德升华不仅有“道”（对规律把握）的升华，也有我们现在所理解的人的法治素养、思想道德水平、国家意识等方面的提高和增强。其二，高校法治教育的教育性体现在使人“成为人”，当然，这里的“人”不是我们日常生活中理解的人，因为就日常、世俗的理解而言，我们本身就是人，无所谓成不成人的问题，这里的成人是成为“真人”，是“臻于至善”，达到人的最高境界。其三，高校法治教育要教会人习得具体的法治知识，掌握与自身的生存和发展密切相关的法律法规。这个方面是高校法治教育的教育性的具体展开，是微观层面的教育性。高校法治教育的教育性的三个方面相互联系、相互印证。高校法治教育的微观教育性是宏观教育性（把握“道”“成为人”）的基础，高校法治教育的宏观教育性是法治教育教育性的最终追求、目标导向。这也说明，高校法治教育的教育性是有层次的，而我们过去在高校法治教育中往往对这种教育的层次性不理解，这就自然导致了法治教育无论是高度还是深度，抑或是广度都不够，因此法治教育难以进入国家决策层面，这不仅与全面依法治国大背景下的法治教育应当承担的使命不符，也使得具体的法治教育缺乏崇高的教育性引导，而越来越在实际的教育活动中走形式，逐步消解其教育的实效性。

2. 人本性

高校法治教育客体的人本性意味着高校法治教育要围绕人来开展，人是法治教育活动的中心，因此在高校法治教育活动中要研究人的利益、人的诉求、人的需要。高校法治教育不能以物为本、以物为中心，也就是说，高校法治教育活动本身不能把规则、条文、知识、治理、管理等作为追求的目标，而要把以上所言的各种物的要素、因素与人联系起来，确立人在这些物的要素、因素中的核心地位、崇高地位。当然，法治教育人本性中的人是具体的人，大学生法治教育的需要与其他群体的法治教育需要是不同的，因此高校法治教育要根据大学生的特性来选择恰当的法治教育内容。在过去，我们在一定程度上忽视了高校法治教育的人本性，使得高校法治教育活动本身变得枯燥无味，法治教育中蕴含的社会主义法治理念、社会主义法治价值很难落地生根，法治教育仅停留在表面的法律知识、法律条文的教育上。因此，在新时代，高校法治教育要从思想和水平上得到提升，必须确立高校法治教育的人本性。

3. 内生性

高校法治教育具有内生性，而内生性是法治教育内在的特性，它揭示了法治教育这种特殊的教育与其他教育的不同。也就是说，高校法治教育到底要教给学生什么、能给学生带来什么、这些东西与其他教育活动带给学生的收获有何不同等。高校法治教育的内生性要从高校法治教育本身来考察。随着法治社会的推进、人们认识水平的提高、社会科学研究的深入，尤其是高校法治教育研究的深入，高校法治教育的内生性不断深化。就目前的认识和实践而言，高校法治教育的内生性主要包括权利与义务的统一性、法治思维、法治能力、规则意识、权利意识、人权意识等。高校法治教育这种特殊的教育活动能够使学生直接受益。高校法治教育首先要教会学生的是权利与义务的统一性意识和行为，也就是说，作为一个主体首先要有权利意识，最基本的就是人权意识。当然，在享有权利的同时，必须尽自己的义务，必须把权利与义务统一起来。在我国，没有只享有权利而不尽义务的主体，也没有只尽义务而不享有权利的主体。高校法治教育内生性的其他内涵都是法治权利与义务统一的具体展开，比如，法治思维实际上就是权利与义务统一的思想，法治能力实际上是用权利与义务统一的立场、观点、方法处理问题、分析问题和解决问题的能力，而规则意识则是权利意识过于突出、权利没有边界、权利过于膨胀的纠偏，权利意识和人权意识则是在一定条件和场合下对过于忽视权利、人权的宣示和提醒。可见，高校法治教育的内生性的基础是权利与义务的统一。在高校法治教育中，我们只有把握好内生性，才能理解高校法治教育客体，也才能较为准确有效地开展高校法治教育活动。

4. 发展性

发展性是高校法治教育的重要特性。法治教育是一种发展性教育，发展是法治教育的本质特征。马克思主义的否定之否定规律揭示了发展的前进性和曲折性，在马克思看来，发展的实质就是新事物的产生和旧事物的灭亡。新的法治教育不断代替旧的法治教育，法治教育的发展过程中充满曲折，但是就整体趋势而言，法治教育是不断向前发展的。法治教育产生于资本主义社会，法治是与民主、权利、人权密切联系的。社会主义社会的民主是一种全新的民主，因此社会主义的高校法治教育是一种全新的法治教育。在新时代，我国人民享有的权利越来越多，因此高校法治教育也呈现新的时代特征。在过去，人们对高校法治教育的意义和作用认识不够，没有把高校法治教育当成一门真正的科学，在教育种类中，高校法治教育无论是学科建设，还是理论研究、教育教学实践活动的开展，都不够深入。随着中国特色社会主义事业的推进，依法治国不仅成为我国基本的治国方略，而且不断向我国的各个领域推进，而在这种时代背景下，我们再反观高校法治教育，无论是学科建设、科学研究、教育活动，还是人才培养、师资培养都与国家战略的要求不够适应。法治教育是一种发展性教育，这不仅体现在法治教育产生的历史中，而且体现在法治教育所蕴含的发展动力、社会对法治教育提出的发展要求，以及全体人民对法治教育寄予的发展希望上。

5. 整体性

整体性观点认为，研究对象是由要素构成的有机联系的整体，整体与部分之间是相互依赖、相互制约的关系。对象的整体性并不意味着形成整体的要素的简单机械相加，而是体现在各要素（子系统）的相互作用上。因此，要想揭示整体性，必须从整体与要素的相互依赖、相互联系、相互制约入手。就高校法治教育而言，其整体性的特性尤为明显。高校法治教育涉及的方面众多，既有教材、教师、教育对象、教学方法，还涉及教育环境、设施、教育制度、方针、政策、科学研究、学术交流、资金投入等，每一个部分（可以看成要素或子系统）又是由若干要素或子系统构成的，子系统又可以分更小的子系统（或者称之为一级子系统、二级子系统等）。高校法治教育具有整体性，在开展法治教育活动时一定要注意联系，不能孤立地、个别地考察法治教育因素。首先，要把高校法治教育放在全面依法治国这个大的战略背景下来考察，才能弄清楚高校法治教育的战略地位，从而有效地开展高校法治教育的教学和研究。其次，高校法治教育与其他教育不同的是，它与社会的法律、制度、国家治理直接联系，因此要想考察高校法治教育，必须更加注重整体性。最后，法治教育不仅是一种学校教育（当然，学校教育是法治教育的主要方面），更是一种社会教育，因为法治教育的效果、成果是通过社会生活、社会风气、社会发展直接体现出来的，这也说明了法治教育的整体性。

三、高校法治教育价值的形成

（一）高校法治教育价值的形成条件

高校法治教育价值的形成，就是高校法治教育的客体属性满足主体需要的过程。高校法治教育价值的实质，就是高校法治教育主体与法治教育客体之间需要和满足关系的不断生成。

1. 高校法治教育价值形成的主观条件

首先，要有主体，还要有主体的需要。主体和主体的需要是联系在一起的，也就是说，主体总是有需要的，需要也总是主体的需要，既没有脱离主体的需要，也没有脱离需要孤立存在的主体。在马克思看来，富有的人同时就是需要有完整的生命表现的人，在这样的人身上，他自己的实现表现为内在的必然性、表现为需要[①]。在现实生活中，主体为了满足自己的需要，从事各种各样的实践活动。高校法治教育也是这样，法治教育主体为了“成人”、为了治国理政、为了全人类的幸福生活，不断参与法治教育实践，通过法治教育获取资源，满足自己发展、社会发展以及人类发展的需要。大学生的法治教育需要是自身在法治实践、法治教育活动中，对其缺失状态进行的观念把握。也就是说，大学生的法治教育需要是一种缺失，这种缺失是大学生法治教育实践活动的内在动因，大学生法治

① 马克思，恩格斯．马克思恩格斯全集　第 42 卷 [M]. 中共中央马克思恩格斯列宁斯大林著作编译局，译．北京：人民出版社，1979.

教育实践活动是社会生活中的法治教育实践活动，不能脱离社会而孤立存在。因此，大学生的法治需要不仅是人的本性，而且具有社会性，是自然性与社会性的统一。

这里需要明确的是，价值源于主体的需要，价值不同于事实。事实是指客观存在的事物和发展规律，事实如果不与具体的主体联系，就不能把这种主体称为需要。也就是说，高校法治教育的价值是高校法治教育的客体属性与主体需要的效用关系。高校法治教育的价值要想得到体现，既需要客体属性这个客观条件，也需要主体需要这个主观条件，高校法治教育的价值生成是主观条件和客观条件的统一体。从这里可以看出，事实是不以人的意志为转移的客观存在，它有自身的发展变化规律，可以不与具体的人相联系。而价值却不同，客体即使有某种属性，也能满足主体的需要，但是如果主体对这种属性视而不见，不为其属性所动，就不能称之为价值。

其次，在高校法治教育价值的形成过程中，无论是主体、主体需要也好，还是客体以及客体的属性也好，都具有很大的流变性。法治教育的主体是变化的，高校法治教育主体也是在逐步成长和变化的。处于不同阶段的大学生的身心特点是不一样的，在成长中的需要也是不一样的。同样，高校法治教育活动随着社会的不断进步而发展，无论是法治教学活动，还是法治教育实践，抑或是法治教育制度、法治教育的学科建设、法治教育的科学研究以及法治教育的资金投入、物资设施建设等，都是发展变化的，因此高校法治教育的价值形成是一个不断变化的过程，只能从动态中才能把握高校法治教育的价值。

再次，高校法治教育价值的动态性并没有否定高校法治教育价值的相对稳定性。正因为高校法治教育价值具有相对稳定性，才为高校法治教育价值的研究提供了可能性，我们判断、确定、分析大学生的需要和高校法治教育活动都是以高校法治教育价值相对稳定为前提的。

最后，这里还要论及的是，高校法治教育的价值追求和高校法治教育的科学认识到底哪个重要。在高校法治教育中，既要追求、肯定法治教育的价值的重要性，也要明确法治教育的科学认识是非常重要的。高校法治教育要以科学研究为根据，要通过科学研究探索法治教育内在的、本质的、必然的联系，要加深对高校法治教育规律的探究，没有法治教育的科学认识，法治教育的价值就没有依据，也没有任何意义，而法治教育的价值则关系到人们的法治教育评价和用法治教育的价值选择来建构自己的法治生存方式。由此可见，法治教育活动既是一种科学活动，也是一种价值活动，是科学活动与价值活动的统一体。

2. 高校法治教育价值形成的客观条件

高校法治教育价值的生成，不仅需要主观条件，而且需要客观条件。客观条件就是客体和客体属性。也就是说，要有高校法治教育活动的存在，因为法治教育活动作为客体是法治教育主体活动的对象，法治教育主体通过对客体资源各种属性的利用来满足需要。所以，首先要有高校法治教育活动的存在，并且其属性能满足主体的法治需要。特定的法治教育客体和客体的属性，决定了法治教育主体的价值选择、价值评价。法治教育客体就好比矿山，矿山的种类、矿产量决定了能开采多少年，能满足多少主体的何种需要和满足需要的程度。比如，法治教育活动与政治活动、经济活动、外交活动不同，政治活动满足主体的政治参与需要，经济活动满足主体追求经济利益的需要，而外交活动则满足作为主体的国家与他国交往的需要。

高校法治教育客体的属性、存在、规律决定了高校法治教育主体的价值评价、选择方向和能达到的水平。高校法治教育主体只能顺应法治教育客体的属性、状况、规律来活动，从而形成高校法治教育主体的价值追求。也就是说，高校法治教育主体不能超越法高校治教育价值客体的限制、条件、水平来形成价值追求。因此，在高校法治教育价值活动中，法治教育主体虽然具有一定的能动性，但是这种能动性的发挥受到高校法治教育活动客体的限制，也就是说，高校法治教育主体的作用不是无限的和绝对的。

（二）高校法治教育价值的形成过程

高校法治教育的价值在客体满足主体需要的关系中生成。高校法治教育价值的实质就是法治教育客体满足法治教育主体的需要，到底怎样满足主体的需要，根据价值哲学，有以下一些观点。主观论者认为，法治教育是作为主体的人的法治偏好、法治情感、法治信仰等心理；客观论者认为，法治教育价值等同于法治教育的属性。这两种论点的不足之处在于，没有看到法治教育是复杂的法治教育主体与法治教育客体之间的关系。比较有代表意义的是“关系说”，认为价值不是一个实体范畴，它不表示在主体、客体之外的第三种实体，不能把它理解为一种独立存在物；价值也不是一个属性范畴，在孤立的主体或客体身上都不存在“价值”这种属性，不能把价值理解为任何存在物生而有之的固然属性；价值是一个关系范畴，它表明主体之间一个特定关系方面的质、方向和作用[①]。“关系说”突破了单纯的主体或者单纯的客体来说明价值，其进步之处在于看到了价值的互

① 李德顺．价值论：一种主体性的研究[M].3版．北京：中国人民大学出版社，2020.

动性、复杂性。关键是怎样确定这里的新质，有的人认为是既定的主体与既定的客体之间产生的新质，有的人试图对“关系”质进行界定。有人认为价值“关系说”仍然存在本体思维的痕迹，先验地确定价值自在的质，试图超越“实体化”“本质化”的研究思路。可见，高校法治教育价值的实质理解，既要以“关系说”为基础，又要超越“关系说”；既要看到学生的主体性，又要看到关系的复杂性、互动性、客观性，更不能忽视关系中的大学生。

根据价值哲学的指引，高校法治教育的价值到底产生于何时是高校法治教育理论和实践必须关注的。一般认为，高校法治教育的价值产生于高校法治教育的客体属性满足主体需要的那一刻。旧的需要得到满足了，新的需要又不断被主体和社会创造出来，所以，高校法治教育价值的形成是一个动态的、不断发展和完善的过程。

四、高校法治教育价值分析

（一）全面推进依法治国的基本举措

全面依法治国被确立为新时代发展中国特色社会主义的基本方针，这使得新时代的教育面临着更高的要求和更多的挑战。高校法治教育的效果与国家政治的认同以及社会的稳定和谐密切相关。支持和保障学生遵守法律，树立法治观念，对推进全面依法治国和建设中国特色社会主义法治国家起着重要作用。当前，随着全面推进法治建设和法律知识普及宣传的步伐加快，我国高等教育逐步实现了普及。高校承担着重要的责任，应该努力提高学生的法治意识，以促进法治教育事业的进一步发展。在高校的思政课程中，应当贯穿法治教育，将中国特色社会主义法治理论渗透到教学全过程中。高校应通过建立系统化、科学化、高效化的法治教育体系，引导大学生深刻理解和掌握社会主义法治理论的核心概念、逻辑特征和本质，以提高他们的法治意识。同时，也应促使大学生依法办事，自觉维护国家的根本利益和自身的合法权益。

（二）践行社会主义核心价值观的有力保障

在大学阶段，学生的价值观正处在塑造和巩固阶段。习近平总书记提出：“人生的扣子从一开始就要扣好。”[①] 我国的凝聚力和向心力直接受到大学生对社会主义核心价值观的认知、认同和践行的影响。法治能够捍卫社会最重要、最核心的

① 白显良．大学生思想道德与法治素养十五讲[M]．重庆：西南大学出版社，2022.

价值观，它是社会主义核心价值观的重要组成部分。为了充分体现社会主义核心价值观的价值，应该将其与当下的现实生活有机融合。法律在促进社会文明的发展中具有至关重要的作用，是人们在日常生活中需要遵循的重要规范。强化高校思想政治法治教育，有助于提高大学生的法治素养，培养他们尊重法律、遵守法规、维护社会公平正义的理念，并将这些观念融入价值观，成为他们内心坚定的信念和生活习惯。此外，法治在道德领域问题的解决中具有独特的作用，它能够帮助大学生思考道德问题并养成正确的行为规范。通过这种方法，大学生可以真正认同和实践社会主义核心价值观。

（三）培养社会主义事业建设者和接班人的重要途径

大学生是参与推动中华民族伟大复兴和中国特色社会主义建设的中坚力量。对于推动中国特色社会主义建设，大学生对法治的了解程度和思维水平是至关重要的。现阶段，部分大学生对社会主义法治的概念、结构、目标和职责等方面的认知还存在模糊不清的问题。造成这一现象的原因之一在于，部分大学生并未将法治教育视为重要的思想发展内容，并且存在一些对法治教育的认知误区。另外，当前高校主要是通过思想政治理论课程来促进法治教育的发展。然而在法治课程方面，课时安排较紧，难以满足学生的学习要求。因此，道德教育和法律教育是必不可少的，这样才能培养出符合社会主义事业需要的人才和后备力量。只有将法治教育渗透到高校思政教育中，才有可能使大学生逐渐建立内心深处的法治信念，认识到烦琐的法规条文的重要性。这样的举措可以激发大学生对遵守法律、尊重法律和承担法律责任的自觉性和责任感，从而使他们成为社会主义事业的建设者和接班人。

第四节　高校法治教育的发展历程

一、高校法治教育的曲折探索（1949—1977 年）

中华人民共和国成立后，我国对高校法治教育进行了有益的探索。

1949 年，最高人民法院原院长谢觉哉强调，我们不要资产阶级的法治，我们要社会主义的法治。然而，由于我国政治环境不稳定，当时并没有出现学习和认识法律的热潮。在中华人民共和国刚成立的时期，我国缺乏法治基础，因此当时的法律权威不足。

早在 1949 年 10 月，华北高等教育委员会颁布了《各大学专科学校文法学院各系课程暂行规定》，开设了法律专业课程，但属于法学专业教育，还不属于法治教育。

1956 年召开党的八大，中华人民共和国的法制开启了新的篇章。在党的八大会议上，党特别强调了随着时代发展需要完善的法制。每个人尤其是国家机构工作人员和共产党员，都应该认识到法律的严肃性和权威性。当时我国第一任最高人民法院院长董必武指出："对法律的严肃性要有充分的理解。"[①] 谢觉哉强调："法律是神圣的，没有什么特殊的人可以违反法律而不受到制裁。"[②] 尽管这些观点值得赞赏，但一般大众对法治的认知不足，他们的法律知识有限，也不具备符合革命法制建设需要的法律观念水平。

这一时期，高校法治教育开始从小众化向大众化探索。中华人民共和国成立初期，我国高校没能开展针对全体大学生的法治教育，原因在于当时我国立法还没有形成完备的框架，也因为思想品德课程作为思想政治教育的重要组成部分，直到 20 世纪 80 年代才成为法律基础课程。因此，在那个时期的思想政治教育中，并没有明确包含法治教育这一概念。然而，历史上出现的其他教育形式，虽然没有明确的名称或定义，但它们具有了法治教育的意义，在中华人民共和国成立之前成为法治教育发展的先驱。此外，法学教育为高校法治教育的发展和变革提供了坚实的理论基础和深厚的文化底蕴。尽管高校法治教育和法学教育最初不是一个学科，但是它们在教育内容、教育方式和教育途径等方面有许多相似之处。因此，法学教育对于促进法治教育的进步和发展发挥了至关重要的作用。

二、高校法治教育的奠基（1978—1986 年）

（一）雏形初现的法纪知识教育（1978—1984 年）

1978 年左右，中国的政治领导层和社会各界正在积极努力，推动社会主义政治制度和经济制度的改革，以促进社会主义民主法制的进一步发展。1978 年召开的中央工作会议上，邓小平同志提出了纲领性的主张："为了保障人民民主，必须加强法制。必须使民主制度化、法律化，使这种制度的法律不因领导人的改变而

① 董必武．董必武法学文集 [M]．北京：法律出版社，2001．

② 郑素一．谢觉哉的民主宪政思想述评 [J]．理论学刊，2005（4）：81—84．

改变，不因领导人的看法和注意力的改变而改变。应该集中力量制定各种必要的法律，并加强检察机关和司法机关，做到有法可依，有法必依，执法必严，违法必究。”并提出，“社会主义民主和社会主义法制是不可分的。不要社会主义法制的民主，不要党的领导的民主，不要纪律和秩序的民主，绝不是社会主义民主。相反，这只能使我们的国家再一次陷入无政府状态，使国家更难民主化，使国民经济更难发展，使人民生活更难改善。”[①] 党的十一届三中全会重申了这一主张并强调：“要保证人民在自己的法律面前人人平等，不允许任何人有超越法律之上的特权。《宪法》规定的公民权利，必须坚决保障，任何人不得侵犯。”[②]

1978 年 10 月，教育部发布了《关于讨论和试行〈全国重点高等学校暂行工作条例〉（试行草案）的通知》，其中规定高等教育的目标是培养学生的社会主义法制观念、革命传统意识，并提高他们的共产主义道德品质。

1979 年 9 月，中共中央发布了《关于坚决保证刑法、刑事诉讼法切实实施的指示》，要求推广法律知识和强化法制教育，建议采用生动活泼的宣传方式，以确保《中华人民共和国刑法》（以下简称《刑法》）和《中华人民共和国刑事诉讼法》（以下简称《刑事诉讼法》）得到有效执行。除此之外，所有的大学、各级党校和各类干部学校都需要将法律课程纳入教学计划。因此，一些高等教育机构开始将民主与法制教育元素融入政治理论教学和政治学研究活动。

1981 年的党的十一届六中全会通过了《关于建国以来党的若干历史问题的决议》（以下简称《决议》），着重强调了“实事求是，解放思想”的方针，并做了深刻的历史经验总结，从中汲取了重要的教训。全会通过的《决议》提出了重要的观点，即加强社会主义法制建设，将民主制度法律化，以保障人民的民主权利。将“发展社会主义民主、健全社会主义法制”确定为国家建设的重要目标，是一个里程碑式的重大事件。这一决策显著促进了民主法制建设，推动中国的民主法制建设进入了快速发展的历史新阶段。中国正逐步推进民主法制建设和高校法治教育的发展，这得益于改革开放的不断深入。这一进程始于零起点，经历了从少数人掌握法学教育到广泛普及法律知识，现在已经形成了较为完善的大学生法治教育体系。在当前的阶段，高校的法治教育目标主要是通过开展法纪教育和普及法律基础知识等活动，提高学生对法律意识和法律素养的认识和理解，启发大学生的革命意识，让他们遵守革命道德和纪律，同时深入了解《宪法》和法律法规。

① 邓小平．邓小平文选　第 2 卷 [M]．北京：人民出版社，1983.

② 人民出版社．中国共产党第十一届中央委员会第三次全体会议公报 [M]．北京：人民出版社，1978.

高校学生的法治教育目前仍处于尝试和探索阶段，其目标、内容和方式尚未形成规范、系统化的体系，存在着不够完备和零散的情况。

1984 年 9 月颁布的《关于高等学校开设共产主义思想品德课的若干规定》认为，高校应当增设共产主义思想品德课程，其中包括道德法规、自由和纪律等多个方面的内容。在这些方面，课程内容不得进行意义上的改动。

自改革开放以来，高校逐渐认识到法制教育的重要性，并开始逐步恢复其在教育体系中的地位。在教学方面，会利用普及和引导的方法来传授知识，尤其是在知识的普及方面，会注重法律常识的教育。《现代汉语词典》中“常识”的解释是“普通知识”，“普及”的意思是普遍推广。通常来说，普及法律知识的普法教育主要是关于法律常识的普及。高校法制教育致力于普及“九法一条例”等法律知识，以切实履行全民普法教育的目标任务。“九法一条例”包含《宪法》、《刑法》、《刑事诉讼法》、《中华人民共和国民法通则》、《中华人民共和国民事诉讼法(试行)》、《中华人民共和国婚姻法》(以下简称《婚姻法》)、《中华人民共和国经济合同法》、《中华人民共和国森林法》、《中华人民共和国兵役法》以及《中华人民共和国治安管理处罚条例》，深受广大人民群众关注。法律知识导向的教育模式更贴近法学专业教育的要求和特征，强调实际应用和条文规范的教育，注重培养学生解决问题的能力。

以经济建设为中心是党的十一届三中全会的召开带来的重要变革之一。这次改革不仅突破了传统法治思想的束缚，还积极促进了民主和法制的落实，象征着中国法制建设迎来了崭新的时代。

首先，必须重申法制建设的重要性，以确保我国正处于向法制主导转型的过程中，全面强调法律在国家建设和社会发展中的权威和地位，并确立法律的主导作用。会议强调，“为了保障人民民主，必须加强社会主义法制，使民主制度化、法律化，使这种制度和法律具有稳定性、连续性和极大的权威，做到有法可依、有法必依、执法必严、违法必究”①，认为民主和法制在社会主义中相辅相成、互为依赖、相互促进，共同维护社会主义事业。在社会主义制度下，民主和法制是相互依存、不可分割的，缺一不可。缺少民主的法制往往会催生个人专制，而缺少法制的民主则容易引发无政府主义和动荡局面。相关专家经过深度分析和讨论，研究了法律的实质、立法的必要性、立法的法律基础以及如何建立符合社会主义

① 中共中央文献研究室．十一届三中全会以来重要文献选读（上）[M]．北京：人民出版社，1987.

特色的法律框架。根据我国 1979 年《刑法》的规定，明确禁止“侵犯公民人身权利”“民主权利罪”行为，并对这些违法行为做出了相应的处罚规定。

其次，确立系统完备的立法机制，使法制工作能够规范、有序地推进。1978 年，邓小平做了深刻反思，认为需要加强法制建设，实现民主制度和法制化，以确保这些制度和法律不会受到领导人更替或思想关注转移的干扰。会议强调了立法工作的重要性。在接下来的几十年里，中国持续进行立法工作，并于 1982 年通过《宪法》，迅速推动了中国的法制建设向法治建设转型。《宪法》为推进社会主义法制现代化提供了重要的基础和框架，标志着中国法制建设进入了新的阶段。我国法制建设在社会主义市场经济的快速发展和社会主义市场经济价值观的广泛普及的助推下，正在向更高级的阶段迈进，开始朝着建立系统化的法制道路来推进法制建设。

最后，认识到治国理政的人治方式有深刻弊端：一是人治并不能使社会长治久安；二是人治排斥法治，使法律处于附庸地位；三是人治造成庸才，并使官员腐化堕落。邓小平经常对党内外人士讲：“我有一个观点，如果一个党、一个国家把希望寄托在一两个人的威望上是很危险的。那样，只要这个人一有变动，就会出现不稳定。”①

（二）“85 方案”下的法律常识教育（1985—1986 年）

1985 年 6 月，中国共产党中央宣传部和司法部共同召开了一次全国性的法制宣传教育会议，地点位于北京。这次全国性会议特意开展法制宣传教育的讨论，目的是鼓励在全国推广法律知识，以增进所有国民对法治教育的理解。会议研究部署了如何在全国实施普及法律常识的工作。

为了确保改革开放顺利进行，1985 年 11 月，中央宣传部、司法部发布《关于向全体公民基本普及法律常识的五年规划》，指出全民普及法律常识是我国人民政治生活中的一件大事，是社会主义精神文明建设的一个重要组成部分。做好这项工作，对于进一步发扬社会主义民主、加强社会主义法制，推进社会主义两个文明的建设，实现党在新时代总的奋斗目标和总任务，都具有重要的意义。随后，当时的国家教育委员会发布了《关于在高等学校开设“法律基础课”的通知》，这是我国改革开放以来高校学生的法律观念教育开始的标志。接着，全国各普通高等院校都相继开设了相关的法律基础课。后来，中宣部、教育部共同印发了《中共中央宣传部教育部关于进一步加强和改进高等学校思想政治理论课的意见》。

① 邓小平．邓小平文选　第 2 卷 [M]．北京：人民出版社，1983．

随后，两部又联合印发了《〈中共中央宣传部教育部关于进一步加强和改进高等学校思想政治理论课的意见〉实施方案》（以下简称“85 方案”），规定从 2006 年高校新生入学开始，全国各级普通高等学院必须开设“思想道德修养与法律基础”课程。

1985 年 11 月，第六届全国人民代表大会常务委员会第十三次会议通过《全国人大常委会关于在公民中基本普及法律常识的决议》，指出大力加强法制宣传教育，在公民中普及法律常识，对于加强社会主义法制，保障国家长治久安，促进社会主义物质文明和精神文明建设，实现我国在新时代的奋斗目标和总任务，具有重大的意义。

1985 年 8 月，《中共中央关于改革学校思想品德和政治理论课程教学的通知》要求改革各级学校思想品德和政治理论课程，定期进行大学教育，加强对学生理想、纪律和道德素养的培养。道德和纪律教育构成了法制教育的另一面，这方面的重要性促使法律基础课程得以兴起。根据“85 方案”，思想政治教育课程包括马克思主义理论课和思想品德课程。然而，这两门课程所属的教育部社会科学研究司和思想政治教育司并没有很好地协同合作。

国家教育委员会于 1986 年 9 月发出通知，提出了三种途径，供大学生学习法律基础知识，这在《关于在高等学校开设“法律基础课”的通知》中得以体现。一是将社会主义民主与法制课程与中国社会主义建设公共政治课程相融合；二是应大学生思想实际，安排专题讲座，讲授有关法律基础知识；三是将不同专业需求相结合，为学生提供特定领域的选修课程。并提出了明确的要求，包括教学内容、学时、师资、教材以及实施步骤等方面。

在高校法制教育的起步阶段，一些政治辅导员通过组织学生参与政治学习，提供了一些关于法制建设的政论文章和新闻报道。某些学校和系科还额外增加了共产主义思想品德课程，同时在部分道德教育内容中融入了法制教育，不过在全国各地以及各个学校方面，这种情况千差万别。“一五”普法计划的推进促使高校纳入了“普法五年计划”，以推动法制教育普及更多的公民。因此，学校主要领导牵头成立了普法工作领导小组，该小组还包括其他相关领导和宣传、保卫、学工等部门负责人。通常，普法工作领导小组的总部设立在党委宣传部。因此，为了积极推广法制知识，宣传部门采用了诸如法制宣传报告、讲座、知识竞赛、辩论赛等多种方式进行法制宣传教育工作。许多学校从 1986 年 9 月 1 日开始，依据国家教育委员会规定，开始实施名为“法律基础”的课程。这一课程在与公共政治课“中国社会主义建设”相融合的基础上，着重探讨了“社会主义民主与法制”的议题。这些课程的主要内容包括《宪法》方面的基本知识，如国家性质、政治制度、公民的基本权利和义务等。极少数的高校开设了跨专业选修课程，以满足不同专业学生的需求。法制宣传教育不仅遵循宣传部门的计划和要求，还更加注重运用活动形式来推广。在教育主管部门的要求下，必须将这些内容整合到教材中。这一时期的显著特点是，教学过程更加强调课内外相结合，但注重课外教学；宣教融合，充分利用宣传部门的力量，结合教学部门，实现更有效的管理；将知识普及与观念引导相结合，但以知识普及为主要方向。这一阶段高校法制教育的主要特征在第三个方面表现得最为明显。当时的首要任务是传播“九法一条例”中的知识，使高校法制教育从法纪知识教育过渡到法律常识教育，普及法律条文和法律基础知识，为后来过渡到以法律意识为主的高校法治教育工作奠定了基础。

三、高校法治教育的形成和初步发展（1987—1996 年）

（一）高校法治教育的正式确立（1987—1992 年）

1987 年 10 月，国家教育委员会发布了《关于高等学校思想教育课程建设的意见》，要求所有普通高等学校都必须开设“法律基础”课程。这门课程的目的是教授学生马克思主义法学的基本原理，让他们了解《宪法》和相关专业法规的核心内容和规范，并提高他们的法律意识和社会责任感。同时，课程还希望引导学生正确行使公民权利和履行义务，以支持社会主义法制建设的进程；对学习时间和管理制度等方面进行了具体的规范。因而，高校法制教育正步入全新的发展阶段，其中的主要特征是在国家教育主管部门的层面上自主设置课程制度。高校法制教育取得了重大进展，成功地将法律基础课程与思想道德修养课程相结合，实现了新的阶段性发展。高校法制教育迎来新的发展，在开设法律基础课程的同时，法制教育也正式进入了大学的教学范畴。

1988 年 3 月，湖南省长沙市承办了一场旨在交流全国高等学校法治教育经验的会议。该会议由司法部与国家教育委员会联合主办。会议上，国家教育委员会的负责人强调了高校应该注重培养学生的法律意识，以满足社会主义现代化建设的需要。高校开展法制教育具有重要性和必要性，必须从培养目标的角度来认识。

（二）高校法治教育的初步发展（1993—1996 年）

中共中央组织部、中共中央宣传部以及国家教育委员会于 1993 年 8 月发布了《关于新形势下加强和改进高等学校党的建设和思想政治工作的若干意见》，以适应新时代的发展需求，提出了“加强和改进马克思主义理论课和思想政治教育课建设”的新要求，将包括法律基础在内的马克思主义理论课和思想政治教育课（以下简称“两课”）定位为学生思想政治教育的主渠道，是社会主义学校的本质特征之一，要求各级党政教育部门和高校党政领导重视和加强对“两课”教育工作的领导，把“两课”作为重点课程来建设。“两课”成为大学生思想政治教育的主要阵地。

1995 年 10 月，国家教育委员会印发《关于高校马克思主义理论课和思想品德课教学改革的若干意见》，法律基础课程被列入必修课程。

国家教育委员会于 1995 年 11 月发布了《中国普通高等学校德育大纲（试行）》，其中涵盖了“民主法制教育”方面的内容，明确规定法制教育属于德育的范畴，实现了法制教育与道德教育的有机融合。

1995 年 12 月，国家教育委员会、中央社会治安综合治理委员会、司法部联合发布《关于加强学校法制教育的意见》，提出要根据学生的年龄段进行相应的法制教育，同时要确保所有学校的教育计划都包括必要的法制教育内容，并为此提供足够的教育时间。加强学校法制教育具有重要意义，可以有效提高学生对社会主义民主法制教育的认知水平，增强学生的法制意识和法律观念，促进长期以来的依法治国基本方略的顺利实施。在学校进行德育教育时，法制教育是非常重要的一环，需要与其他学科相互融合，使其渗透到文化知识和思想教育领域，并与全民普法教育相互结合，关注现代人才的基本素质培养。

1996 年 4 月，中共中央、国务院下发通知转发《中央宣传部、司法部关于在公民中开展法制宣传教育的第三个五年规划》，指出要认真总结前两个五年普法工作的经验，采取切实措施，逐步实现法制宣传教育工作规范化、制度化，在全社会形成学法、用法和守法的良好风气，努力提高广大干部群众的法律素质，为坚持依法治国建设社会主义法治国家打下坚实的基础。需要加强对《宪法》、基本法律和社会主义市场经济法律知识的宣传和教育，以提高公民的法律素养和意识。此外，还需要提高各级干部的法律职业素养和执法能力，全力推进依法治国。按照“一五”普法计划所制定的原则，有条不紊地推进“二五”和“三五”普法计划的实施，目的是通过对公民的法律意识进行深入的教育，为“四五”普法计划的实施奠定稳固的基础。

1996 年 5 月，第八届全国人民代表大会常务委员会第十九次会议通过《全国人民代表大会常务委员会关于继续开展法制宣传教育的决议》，强调当前的经济和社会发展需要与法制宣传教育有机结合，以达到全面推进各项事业的法制进程的目标。

在世纪之交，高校法制教育已经由传授法律知识的阶段逐渐升级，进入了强化法律观念的阶段。与法律知识的广泛推广不同，这个阶段的显著特点在于采用了新的教学方式，包括结合课堂内外的多种教学手段，以课堂教学为主要形式，特别是在高校法制教育中，着重将法律基础课程作为主要教学途径；通过整合学校宣传和教学资源，学校可以以教学部门为主导，制订详细的教学计划，明确课程学时和学分要求，再由“两课”教研部门负责具体实施相关的教学活动；将重点放在引导观念上，通过知识的推广来提高人们的认知水平，从而推动教育的发展。

四、高校法治教育的深入发展（1997—2011 年）

（一）“98 方案”下的法律意识教育（1997—2004 年）

1997 年召开的中国共产党第十五次全国代表大会首次提出“依法治国”方略，将“社会主义法制国家”的提法更改为“社会主义法治国家”，并于 1999 年入宪。

1998 年 6 月，中宣部和教育部联合发布了《关于普通高等学校“两课”课程设置的规定及其实施工作的意见》(以下简称“98 方案”)。按照该方案，所有本科和专科学生将不可避免地修读法律基础课程，强调此课程的主要目的是对社会主义法治进行教育，以帮助学生理解马克思主义法学的基本观点、熟悉《宪法》和相关法律的基本精神和规定，从而提高学生的社会主义法治观念和法律意识。

“98 方案”明确提出，“两课”课程设置必须着眼于引导和帮助学生掌握马克思主义的立场、观点、方法，树立正确的世界观、人生观和价值观，确立建设有中国特色社会主义的共同理想，为他们坚持党的基本路线不动摇打下坚实的理论基础。在此方案中，邓小平理论被确定为核心内容，包括法治基础课程等核心课程，已成为全国所有大学生必修的重要课程之一。这一方案的主要目标是向大学生传授与世界观、人生观、价值观、思想和道德素质相关的知识，同时提供法律方面的教育。“98 方案”对“两课”进行了改革，将法律基础课程纳入“思想品德课”类别，与思想道德修养课程并列。这一变化并没有改变内容的实质。

在思想政治教育领域，法治教育的重点在于教授法律知识，强调培养法律意识，通过经过深思熟虑而制订的教育计划，帮助大学生逐渐建立起符合社会主义法治理念的认知。

2000 年 9 月，《教育部关于加强高等学校思想政治教育进网络工作的若干意见》重点强调了提高教育工作者和学生对网络安全、自我管理、政治立场、法律责任等方面的认知。这一行动不仅使高校法治教育的教学内容更加丰富，还为采用新的教育模式提供了新的思路。

2001 年 4 月，印发《中央宣传部、司法部关于在公民中开展法制宣传教育的第四个五年规划》，强调了加强公民的法律教育和觉悟的重要性，并致力于推行法治社会管理，以达到对社会事务的合法治理。“四五”普法计划的范围已经从简单的法律知识宣传和意识提高拓展到注重法律素养的培养，社会治理也越来越倾向于法治化，这使新时代法治宣传教育开启了全新的历程。

2001 年 9 月，中共中央印发《公民道德建设实施纲要》，强调社会主义法治是道德建设的重要保证，但二者必须有机结合。

2002 年 10 月，《教育部、司法部、中共综合办、共青团中央关于加强青少年学生法制教育工作的若干意见》提出应通过理论和实践相结合的方式，帮助学生确立对权利、责任等法治概念的坚定认识。

2002 年 10 月，北京举办了一场全国青少年学生法治教育的电视电话会议，由教育部、司法部、中央综治办和团中央联合主办。会议强调，为了提高全民族的综合素质，必须特别注重青少年的法律素养，这也是素质教育中不可或缺的一部分。培养青少年学生的法律素质，不仅是实现国家现代化建设的关键性工作，也是教育任务中一个不可忽视的重要部分。因此，必须把教育和培养青少年学生的法律素质放在重要位置上，紧密结合当前的教育工作，确保这一任务能够及时得到落实。

2003 年 7 月，印发《教育部关于加强依法治校工作的若干意见》，目的在于普及法律知识，严格遵守法律和程序，尊重学生的尊严与权益，建立良好的法律环境，以促进各项工作的有序和规范实施。

2004 年 8 月，中共中央、国务院印发《关于进一步加强和改进大学生思想政治教育的意见》，明确强调将“加强民主法治教育，增强遵纪守法观念”列入“以大学生全民发展为目标，深入进行素质教育”的范畴。将法治教育融入大学生素质教育成为不可或缺的一环。

（二）“05 方案”下的法律素质教育（2005—2011 年）

2005 年 2 月颁发的《中共中央宣传部 教育部关于进一步加强和改进高等学校思想政治理论课的意见》规定将马克思主义理论课和思想品德课更名为高等学校思想政治理论课。此外，它要求将 7 门必修的“两课”课程合并为 4 门课程。另外，高校课程也有所调整，将原来的思想道德修养课程和法律基础课程合并为一门全新的课程，名为“思想道德修养与法律基础”。在高等教育中实现德治与法治相结合，真正实现了道德教育和法治教育相辅相成。

2005 年 3 月，《〈中共中央宣传部 教育部关于进一步加强和改进高等学校思想政治理论课的意见〉实施方案》（以下简称“05 方案”）明确规定本专科生思想道德修养与法律基础课均为 3 学分，将其基本内容和任务规定为“主要进行社会主义道德教育和法治教育，帮助学生增强社会主义法治观念，提高思想道德素质，解决成长成才过程中遇到的实际问题”。

2006 年 3 月，中共中央、国务院转发《中央宣传部、司法部关于在公民中开展法制宣传教育的第五个五年规划》的通知，强调法治宣传教育是提高全民法律素质、推进依法治国基本方略实施、建设社会主义法治国家的一项基础性工作。第五个五年法治宣传教育工作的主要目标是促进全民法治观念和法律素养的提升，以整个社会和广大人民的实际需求为基础，配合国家民主法治建设的新成果和新进展，并在以党和国家工作大局为引领的基础上，积极深入地推进法治宣传教育和实践；加强公务员对社会主义法治的理解，提升其遵守法律和管理工作中的法律素养和能力，进一步提高其法律管理和社会服务的质量水平。

2011 年 11 月，全国教育系统法治宣传教育工作会议提出在“六五”普法期间加强青少年法治教育，把提高广大师生的法律素质作为学校素质教育的重要目标。

全民法治宣传教育的目标早已发展到了“提高全民法律素质”这样的高度，党和国家对学校法治教育的要求也越来越高。为了切合法律宣传教育的进展趋势，需要将高等教育机构推行的法治教育目标加以更新，以期提高学生的法律素养。此次修改是为了满足党中央和国务院对大学生思想政治教育和素质教育的新要求，并在考虑“05 方案”中的思想道德修养与法律基础课程任务的基础上进行的。目标是构建新的课程教学内容体系，将大学生的道德教育与法治教育有机结合。在这个基础上，可以构建一个教育内容体系，以“行为规范”为基石，把“思想观念”作为核心，关注“相关权利和义务”，以提升大学生的法治素养为最终目标，进而逐步形成知识传授、观念引导、能力培养“三位一体”的大学生法律素质教育新模式。

在党的十五大中，提出实行依法治国的基本方针，强调了法治在建设社会主义法治国家中的重要作用，这对过去所提“建设社会主义法制国家”的说法进行了转变。同时，明确了依法治国的科学定义，意味着社会主义法治建设正在迈入新的发展阶段。自 1999 年起，中国阔步迈向法治建设的重要阶段，现行《宪法》正式将依法治国基本方略纳入其中。2002 年举行的党的十六大正式将“依法治国，建设社会主义法治国家”纳入党章。这种做法对于国家治理、社会运转和人们的社会生活起到了广泛的指导作用，促进了社会法治建设的进一步发展。在“依法治国”的指导下，中国特色社会主义的法治建设已经取得了明显的进展，这一理念也已经广泛渗透到各个领域，主要体现在以下几个方面。

第一，人权得到重视和保障。党的十五大会议提出“共产党执政是领导和支持人民掌握管理国家的权力，实行民主选举、民主决策、民主管理和民主监督，保证人民依法享有广泛的权利和自由，尊重和保障人权”[①]，这说明国家高度重视人民的权利，并认识到保护人民权益是其重要的责任，这与中国建设社会主义法治国家的目标完全符合。

第二，法治观念增强。普法教育是促进依法治国的重要措施之一。2005 年，中央政府呼吁人们切实牢记社会主义法治理念，指出依法治国是社会主义法治的核心内容，执法为民是社会主义法治的本质要求，公平正义是社会主义法治的价值追求，服务大局是社会主义法治的重要使命，党的领导是社会主义法治的根本保证。人们对法治理念的理解愈发深刻，对公共服务人员的期望也日益提高。

以依法治国为指导思想，我国已初步取得了法治建设上的成果。法律体系的不断完善不仅有利于保障国家的稳定和长期发展，也为达成法治国家的目标奠定了至关重要的基础。

随着法律教育的不断扩展，大学生的法律意识明显增强，这为大学生树立正确的法律观念奠定了牢固的基础。各大高等院校为提高大学生的法律意识，倾注了许多心血和精力，通过积累成功经验获得了显著的成效。国内高校一般都会按照规定的要求设置一定数量的法律教育课程，编写相应的教材、辅助教学资料和必读书籍，并聘请具备理论修养、丰富实践教学经验的教师授课。现在，越来越多的学生正在参与到课外法治教育实践活动中。许多大学设立了大学生法治教育

① 徐凌，张继．公共政策分析 [M]. 长沙：湖南人民出版社，2004.

实践基地，并制定了相应的规章制度以保证定期推行法律宣传教育活动。这些措施对建立大学生法律观念教育体系起到了至关重要的作用，可以帮助大学生树立法律意识并形成正确的法治观念。

五、高校法治教育的蓬勃发展（2012 年至今）

（一）全面推进依法治国下的法治教育（2012—2015 年）

2012 年，中国共产党第十八次全国代表大会提出全面推进依法治国，提出了“新十六字方针”，将“法治”纳入社会主义核心价值观，在此基础上深入开展法治宣传教育，增强全民学法遵法守法用法的法治理念。

2013 年 6 月，《教育部 司法部 中央综合办 共青团中央 全国普法办关于进一步加强青少年学生法制教育的若干意见》，强调各类学校应该重视向青少年传递社会主义法治的价值观，并高度关注学校、家庭和社会等方面对青少年法治教育的影响。

2014 年 10 月，党的十八届四中全会召开，中国共产党党史上首次专题讨论依法治国的问题，通过将“法治教育”纳入国家教育框架，可以保证系统、彻底地推进改革。根据《中共中央关于全面推进依法治国若干重大问题的决定》，法律的合法性在于人民的衷心拥护和信仰。只有通过法律保护，人民的权益才能得到维护；法律的权威源自人民坚定地支持和捍卫。要积极推广社会主义法治观念，培养社会主义法治文化，引导民众树立尊重法治、支持法治的态度，并反哺社会形成注重品德、尊重法律的风气，使每一个人都成为社会主义法治的坚定拥护者、自觉践行者和勇于捍卫者。

2015 年 10 月，党的十八届五中全会召开，提出提升公民的法治思维和法治方式是全面建成小康社会的重要保障。

自党的第十八次全国代表大会以来，我国已经进入了全面建成小康社会的关键阶段。社会改革在国际和国内环境下变得越来越复杂。因此，为了保持对依法治国的坚定信念，必须对依法治国有一个新的认识，并提出全面依法治国的目标。在党的十八大报告中，明确了中国“全面推进依法治国，加快建设社会主义法治国家。到 2020 年，依法治国基本方略全面落实，基本建成法治政府，人权得到切实尊重和保障”的中国特色社会主义法治建设的新任务和新目标；2012 年 12 月，习近平总书记在首都各界纪念现行宪法公布施行 30 周年大会上的讲话中明确提出把依法治国作为全面建成小康社会的重要任务，并提出“法治中国”的构想需要国家、政府和社会法治的全面推进；2013年，习近平总书记在主持中央政治局第四次集体学习时，提出通过“全面推进科学立法、严格执法、公正司法、全民守法，坚持依法治国、依法执政、依法行政共同推进，坚持法治国家、法治政府、法治社会一体建设”①，开创依法治国的新局面。2014年10月，党的十八届四中全会通过了《中共中央关于全面推进依法治国若干重大问题的决定》，明确提出了全面推进依法治国的任务，同时将法律信仰正式提出，即法律的权威源自人民的内心拥护和真诚信仰，充分证实了法律信仰在社会主义法治建设中的基础性地位，对我国实现法治社会具有重要的现实意义。

在《习近平关于全面依法治国论述摘编》一书中，习近平总书记提道：“法律要发挥作用，需要全社会信仰法律。卢梭说，一切法律中最重要的法律，既不是刻在大理石上，也不是刻在铜表上，而是铭刻在公民的内心里。我国是个人情社会，人们的社会联系广泛，上下级、亲戚朋友、老战友、老同事、老同学关系比较融洽，逢事喜欢讲个熟门熟道，但如果人情介入了法律和权力领域，就会带来问题，甚至带来严重问题。”对于如何使全民信仰法律，习近平总书记提出“人民权益要靠法律保障，法律权威要靠人民维护。要充分调动人民群众投身依法治国实践的积极性和主动性，使全体人民成为社会主义法治的忠实崇尚者、自觉遵守者、坚定捍卫者，使尊法、信法、守法、用法、护法成为全体人民的共同追求”②。当前，中国正朝着建设法治社会的方向迈进，全面深化改革的总目标是推进国家治理体系和治理能力的现代化。依法治国的理念正在不断深化，从以法而治，走向良法善治。

总的来说，中国社会在法律制度方面经历了曲折而漫长的发展，从“法制”向“法治”转变。我国正处于法治建设的关键时期，在此阶段，提倡“法律信仰”，并明确它在构建社会主义法治国家方面的重要性，这可视为法治进步的一项关键成果。因此，在迈向法治社会的道路上，加强法律信仰的树立需要不断培养和强化法律信仰意识。

（二）核心价值观融入法治教育（2016年至今）

2016年4月，《全国人民代表大会常务委员会关于开展第七个五年法治宣传教育的决议》在教育管理部门和工作者的工作目标和主要任务中提到“提升法治观念和法律素养”，提出推进社会主义法治文化建设，通过发挥法治文化的引导

① 中共中央文献研究室．习近平关于全面依法治国论述摘编[M].北京：中央文献出版社，2015.

② 中共中央文献研究室．习近平关于全面依法治国论述摘编[M].北京：中央文献出版社，2015.

和教育作用，让人们更加认同和信仰法律，将法治文化纳入现代公共文化服务系统，并推动法治文化与地方、行业和企业文化相融合，共同发展。

2016 年 7 月，《教育部 司法部 全国普法办关于印发〈青少年法治教育大纲〉的通知》，从知识、能力、观念等方面提出法治教育目标。

2016 年 9 月，《教育部等七部门关于加强青少年法治教育实践基地建设的意见》明确加强青少年法治教育实践基地建设的重要意义，提出了建设目标与要求，并给出了推进举措和保障机制。

2016 年 12 月，中共中央办公厅、国务院办公厅印发《关于进一步把社会主义核心价值观融入法治建设的指导意见》，强调通过教育宣传、示范引导和文化熏陶等方式，让人们对社会主义核心价值观产生情感认同和行为习惯，并将其进一步融入法律体系，使其成为道德理念在法治中的体现。这样一来，可以促进道德建设，让社会主义核心价值观更加深入人心。要想实现社会主义核心价值观在人们心中根深蒂固，关键在于让法治发挥其规范和保障的作用。

2020 年 7 月，国家出台了《教育部关于进一步加强高等学校法治工作的意见》（以下简称《意见》），这是教育部首次专门就高校法治工作发布文件，并在文件中明确了高等学校法治工作的概念。在这之前，与该领域相关的包括依法治校、教育法治工作、学校法律事务等。《意见》的目的是鼓励高校积极推进法治工作，促进高校合法行政，带动高校治理水平和现代化程度的提高。《意见》概括了高校法治工作的五大关键任务，具体如下。

第一，建立以章程为中心的规章制度框架，促进形成规范统一、科学分类、清晰分层、高效运转的学校规章制度系统。

第二，改善学校法人治理结构，进一步推广以党委领导下的校长负责制为主的学校领导机制和治理模式，增强决策和管理的科学性、民主性和法治化。

第三，完善学生和教师的权益保护机制，以及规范校内的申诉流程和制度，从而确保他们的合法权益得到有效维护和保障。

第四，加强学校法律风险管理，建立和完善合同管理制度，主动解决各类法律事宜，确保学校的合法权益得到保障。

第五，以《宪法》教育为重点，推行法治教育，把学习和普及《宪法》放在法律教育的首要位置，并在学生的全面培养中贯彻《宪法》教育。

2016—2020 年，全国第七个五年法治宣传教育决议顺利实施，并在此过程中获得了重大的成就。其中包括全国公民对法治的认知程度显著提高，社会治理方面的法治化水平也有了明显的提升。目前，我国正在全力打造一个现代化的社会主义国家，并迈入了一个新的发展阶段。为了深入学习宣传贯彻习近平法治思想，并确立全面依法治国的基础原则，必须在 2021—2025 年开展第八个五年法治宣传教育活动，以普及法律知识为主要目的。2021 年 6 月，第十三届全国人民代表大会常务委员会第二十九次会议通过了《全国人民代表大会常务委员会关于开展第八个五年法治宣传教育的决议》。

第二章　高校法治教育的原则与目标

本章主要内容为高校法治教育的原则与目标，从三个方面进行了叙述，依次为高校法治教育的基本原则、高校法治教育的方法原则、高校法治教育的培养目标。

第一节　高校法治教育的基本原则

一、明确法治优先原则

法治道路才是立国之本，每一位大学生都应该清楚地认识到这一点。习近平总书记强调“要信仰法治”“只服从事实、只服从法律”[①]，在此基础上，提出了高校学生要树立法治第一的观念。比较法学家哈罗德·伯尔曼（Harold Berman）曾说:“法律必须被信仰，否则它将形同虚设。”[②]法律并非仅仅纸面上的文字，它存在的意义在于成为人们在日常生活中所必须遵循的最高行为准则。在法治时代，法律不仅是治国理政的主要依据和手段，更是人们日常生活中不可或缺的行为规范与准则。然而，我国在建设法治的道路上虽取得了不错的成绩，但仍然面临着许多挑战和问题。为实现国家治理现代化，我们必须确立法治的至高地位，并始终坚持法治优先的原则。

日裔美籍学者弗朗西斯·福山（Francis Fukuyama）在谈到发展中国家的政治现状时认为:“在当代发展中国家，最大的政治缺点就是法治的相对软弱。”[③]这的确是中国身为发展中国家无法逃避的社会事实。但只有充分认识到法治对我国现代化进程的重大意义，我们才能根据中国的实际情况来确定依法治国的方向，

① 文学国，张斌．法律社会学评论 第5辑[M]．上海：上海大学出版社，2022.

② 伯尔曼．法律与宗教[M]．梁治平，译．北京：生活·读书·新知三联书店，1991.

③ 福山．政治秩序的起源：从前人类时代到法国大革命[M]．毛俊杰，译．桂林：广西师范大学出版社，2012.

构建一个符合我国国情的社会主义法治国家。从中国政治发展的实际进程看，国家治理现代化在目前这个阶段，理当以建设法治中国为突破口和前提[①]。确立法治优先原则需要对国家发展规律和治理方式有深刻的认识与理解，同时需要社会精英的智力支持，更需要全体社会成员凝聚共识、身体力行。因此，法治建设不仅要靠法律规则本身来规范人们的行为，更要依靠法治理念、法治精神和法治意识等因素的培育。人始终是法治建设的核心，在当今以变革为主旋律的现代化社会中，若大学生的知识储备和法治思维无法肩负起建设法治社会的重任，那么法治中国的建设将成为一个遥不可及的梦想。总的来说，法治建设是一个由政治制度和文化传统交织的复杂的社会变化过程，尤其是在中国这样一个拥有独特历史文化的国家，任何现有的国家治理模式都无法完全照搬到中国的法治建设中，因此我们只能靠自己去不断实践、不断探索，及时发现问题、解决问题，以找到符合中国国情的法治化建设之路。

法治为市场经济的发展提供了坚实的保障。稳定的政治环境是经济发展的必要条件，然而政治发展是一个错综复杂的过程，法治建设是国家政治发展中至关重要的组成部分，需要在政治理想和社会现实之间找到交汇点，探索出一条可行的发展之路。随着几十年的发展，中国的改革开放取得了巨大的成就，市场经济的蓬勃发展已经与全球经济一体化的浪潮融为一体。在这样的背景下，我国的法律制度不断健全完善，经济发展也充满活力，但也面临着很多问题和困境，改革和发展正处于深水区，这给国家治理带来了巨大的挑战，而在这个发展的关键时期，法治的规范作用显得尤为重要。随着我国全面依法治国战略的实施，党对法治工作越来越重视，这不仅体现为对法律体系的完善，还表现在人民群众法治素养的提升方面。在推进社会主义现代化建设的过程中，培养人民的法治思维、推进社会主义法治建设成为当前最紧迫的任务之一。缺乏法治的框架，便不用奢谈国家治理的现代化。由此可见，在现阶段推进治理现代化的进程中，法治一直居于十分重要的地位。此外，在党的十九大上，习近平总书记明确提出了“良法善治”的标准，这是对党的十八大以来确立的依法治国目标的发展，也是法治中国不断完善的迫切需求。同时，确立法治的主体地位是实现国家治理现代化、建设社会主义法治国家的必然要求。在社会治理的实践中，必须始终坚持以法治为首要原则。

---

① 杨明佳，董英栋．法治优先：中国治理转型的战略选择：以亨廷顿和福山的政治发展理论为视角[J]．武汉理工大学学报（社会科学版），2017，30（1）：87–94．

关于法治的含义，习近平总书记曾说："用法律的准绳去衡量、规范、引导社会生活，这就是法治。"[①]社会生活需依靠法律的规范和引导，这是因为仅靠传统的行政手段无法解决所有社会问题，而只有依靠法治才能实现社会的善治及有序发展。在治理社会事务时，法律具有至高无上的地位，任何人、任何事都不能脱离法律的约束。法治优先原则要求人们在社会活动中遵循法律规定，以实现社会和谐稳定。此外，在社会治理中，法治优先原则的贯彻必须做到有法可依。若不依法行事，法治便成了一种虚妄之物，也不能发挥作用，从而与依法治国的理念背道而驰，社会秩序也难以维护。国家若不遵循法律规定，将会对法治的威信造成损害，甚至可能破坏法治的根基。因此，领导干部必须以法治思维为指导，以法治方式为准则，率先成为守法遵法的楷模。行政机构体系无论如何都必须置于由公众制定的法律规则的控制之下[②]。在法治优先原则的指引下，行政行为要遵循法治，也就是说，行政行为要法治化，每个行政主体在对待社会问题时，都要跟司法行为一样，严格遵守法律的指引，这样做出的行政决定就一定会符合法治的规范。

在个人的行为信条中，法治优先原则被视为至高无上的准则。唯有信仰法律，方能使纸面上的法规成为生活中的行为准则，特别是对大学生而言，树立法治信仰更是至关重要的。在依法治国进程中，高校应当把培养学生的法治信仰放在重要位置。信仰法律的前提在于对法律的深刻理解和全面掌握，若对法律一无所知，则难以谈及法治信仰。为了确保法治得到全社会的认可和信仰，还必须制定良法，可在三种意义上进行把握：一是法要符合人性、人文、自然、经济等规律，要符合法所调整的一切关系的存在和发展规律，不能藐视和抗拒规律；二是法治得到了很好的贯彻，不但公民自觉遵守，国家机构也要遵守宪法，执法严格，司法公正；三是法体现了社会的良善价值观。一般而言，"良法"应当是一部符合社会发展规律、体现民众利益、能被切实贯彻执行的法律。中国法律在立法过程、司法过程和执法过程中，基本上都达到了"良法"的要求，因此要求每个人都能"守法"。并且"守法"以"懂法"为先决条件，而"懂法"的核心还是法治教育。所以，守法最终还是要靠对公民法治思维的培养。这就要求高校对学生实施法治教育，让他们遵循法治优先原则，尤其是对当代大学生而言，更要让他们在实际行动中对法治优先原则进行明确，用法治来引导自己的行为，用法治思维

① 中共中央文献研究室．习近平关于全面依法治国论述摘编[M]．北京：中央文献出版社，2015.

② 张淑芳．行政优先权与法律优先之鉴别[J]．政治与法律，2004（1）：8—15.

来解决问题，用法律途径来表达自己的利益诉求。

二、重视良法之治原则

良法是善治的前提。大学生首先要了解何谓“良法”。良法是顺应民意、尊重并保障人权、维护正义、促进社会和谐与稳定、支持改革与发展、引领社会风尚的法律。同时，良法应考虑民意与客观规律的适应性，并易于遵守和执行。党的第十八届中央委员会第四次全体会议强调了“法律是治国之重器，良法是善治之前提”[①]，详尽地阐述了善治与良法之间的内在逻辑联系。古往今来的政治家都曾就“良法之治”发表过重要论述。例如，哲学家亚里士多德（Aristotle）曾提出了“良法”理论，宋代的政治家王安石在《临川先生文集》中也曾指出“立善法于天下，则天下治；立善法于一国，则一国治”。

从上述观点来看，“良法之治”已成为一种重要的国家治理理念，得到了人们的普遍认同。我国在对历史经验进行总结与反思的基础上，确立了构建具有中国特色的社会主义法治国家的发展方向，并在此基础上采取行之有效的方法，实现了形式法治与实质法治的有机统一，形成了一套符合中国实际的法治模式，显示出了先驱者的魄力与开拓性。这意味着中国法治不能局限于形式上的法律之治，而应该注重实质上的良法之治，这种法治体系与中国的政治制度相一致，彰显着公正和平等的原则，维护了人民的权利，并彰显着共同的价值观，得到了有力的保障和贯彻。良法之治应当体现为持续改进立法，推进法治的实际落实，并促进法治理念的不断发展和提高。中央要求提高领导干部的法治思维，既是对改革开放以来法制建设、法治建设的一种肯定，也是对已有成果的一种继承与弘扬，意义深远[②]。大学生是法治社会建设的未来力量，未来将承担重要责任，因此需要加强对他们的法治思维教育，并让他们认识到实行良法之治的重要性。

公平正义是遵守良法的基本原则。法律的目的就是保障公平正义，为人民谋取福利，以及实现公共谋幸福。因此，良好的法律应该立足于维护公民的权利，并且能推动人的全面发展、推动社会的和谐稳定以及推动国家的繁荣。全面依法治国，必须紧紧围绕保障和促进社会公平正义来进行[③]。实施社会主义法治，既是

① 何勤华．法治求索[M]．上海：上海人民出版社，2021．

② 吕世伦，金若山．法治思维探析[J]．北方法学，2015，9（1）：5—18．

③ 习近平．领导干部要做尊法学法守法用法的模范 带动全党全国共同全面推进依法治国[J]．人民检察，2015（4）：1．

为了满足人们不断提高的物质和文化需求，又是为了追求社会的公平和公正，这就是有中国特色的社会主义良法之治的目的。良法之治强调的是国家管理、政府管理、职员办事以及人民参政议政都能够实现法治化，这样才能保证社会的安定、和谐。

良法应该保障人们的权益。在社会主义法治体系中，人们的民主权利更加宽广，以人民为本是良法的根基。人类文明史的发展表明，法治并不必然就是“法”的应然向度，法治社会也不一定是“法”存在的必然结果，而以维护少数统治阶层利益为主要目的的法律往往会损害广大民众的利益。

在社会主义社会中，只有人民当家作主，参与到法律的制定中，法律才具有良法的可能性。因此，社会主义法治必须是良法之治，是一个保护人自由与权利的法律制度。良法之治可以增强公民对国家事务以及政治的参与度，通过多种途径来维护他们的合法权益，使社会的公平正义得到最大限度的实现。当代大学生应该树立社会主义的法治观念，将社会主义法治视为良法之治，其根本就是为了始终把实现好、维护好、发展好最广大人民根本利益作为党和国家一切工作的出发点和落脚点①。

良法应该坚持共同普遍的价值。同时，良法应该彰显良善的价值观，这也是良法的基本要义。法治价值观念在很大程度上决定了法治体系的成败。在以人为本、公平公正等理念的基础上，中国特色社会主义法治包含社会共同普遍的价值。良法作为国家治理现代化的基本要素，应当从民众的利益出发，反映民众的共同价值观念。

在中国，人们对良法的讨论也逐渐激烈。根据党的十八届四中全会决议，良法应要恪守以民为本、立法为民理念，贯彻社会主义核心价值观，使每一项立法都符合宪法精神、反映人民意志、得到人民拥护②。良好的法律应当遵循人们对正义、公平、道德、尊严、合法程序以及个人权利等的追求，且符合道德准则。良法之治的目的是为个人的发展与尊严创造条件，这不仅包括承认和保障公民权利，还需创造各种条件，以便实现个人的全面发展。具体而言，法律必须满足良法的标准，也必须建立在确保尊重和保护人权的基础上。

制定良好的法律，也要切实落实到生活中。习近平总书记曾言：“各级政府必

① 胡锦涛．坚定不移沿着中国特色社会主义道路前进 为全面建成小康社会而奋斗[N]．人民日报，2012—11—18（1）．

② 习近平．关于《中共中央关于全面推进依法治国若干重大问题的决定》的说明[N]．人民日报，2014—10—29（2）．

须坚持在党的领导下、在法治轨道上开展工作，创新执法体制，完善执法程序，推进综合执法，严格执法责任。”① 而法律的落实依赖国家机关的合法行使、公正司法，以及全社会对法律的尊重和遵守。只有这样，才能实现法律的核心价值，保障人民的幸福和平安。在推动法治建设的过程中，法治实施是至关重要的，针对这一问题，我们可以采取许多措施来加强对公民法治思维的培养，提升公民的法治观念，增强规则意识，并加强国家机关的行政执法能力。这些都是有效的方法，可以推动法治实施的进程。只有实施良法，才能实现善治。要想有效落实良法，还须对大学生加强法治教育，使其具有更强的法治素养，掌握运用法律手段解决问题、化解矛盾的能力。在当前快速变化的社会环境中，大学生必须积极适应时代的发展，加强自身的法治意识，致力于促进法治建设的不断进步，进而支持国家实现“善治”的愿景。

三、贯彻依法办事原则

1959 年 9 月，董必武同志在党的第八次全国代表大会上指出：“党中央号召公安、检察、法院和一切国家机关，都必须依法办事……依法办事有两方面的意义：其一，必须有法可依。……其二，有法必依。”② 这一原则最早是针对国家执法机关提出的办事原则。依法办事原则确立后不断地被传承与创新，在当今的法治建设中依然是一项重要的原则。在中国长期的法治建设实践中，依法办事的实际情况并没有达到立法预期，在实际工作中不按宪法和法律法规行事的情况时有出现。针对这种情况，习近平总书记反复强调：“领导干部尤其要带头依法办事，自觉运用法治思维和方式来深化改革、推动发展、化解矛盾、维护稳定。”③ 依法行事是法治建设成功的重要因素，有法可依仅仅使法治实现有了一定的可能性，而有法必依才是法治生存的真谛。

社会要使大学生将依法办事落实到实际行动中，要明确依法办事的主体。首先，应当是具备执法资格的行政机构和其工作人员；其次，应当是全体公民。在严格依法办事的主体上，除了执法者、司法者之外，还应该加入公民和其他社会主体，同时推崇“互动主体性”的法律实施观。对行政机关及政府工作人员而言，

① 习近平．关于《中共中央关于全面推进依法治国若干重大问题的决定》的说明 [N]. 人民日报，2014—10—29（2）.

② 董必武．董必武法学文集 [M]. 北京：法律出版社，2001.

③ 中共中央文献研究室．习近平关于全面依法治国论述摘编 [M]. 北京：中央文献出版社，2015.

他们是执法的主体，他们要对宪法和法律保持绝对的忠诚，在行为上严格践行依法办事原则，增强依法办事的执法观念。据统计，我国 80% 的法律是由行政机关执行的，依法行政是依法治国的主要内容，也是现代法律观念形成的现实基础[①]。行政机关依法办事，既是在履行自己的责任，又是在向全社会传递法治理念。然而，在依法办事原则下，大学生是一个双向主体：第一，他们是遵守法律的主体，他们要在行动上依法办事，是依法参与的主体；第二，在具体的法治实践中，依法办事也是公民自觉的主体行为。法国启蒙思想家孟德斯鸠（Montesquieu）说过："一切有权力的人都容易滥用权力，这是万古不变的一条经验。"[②] 法治方式的核心在于确保所有权力机构都在法律框架下行使权力。同时，在法治社会中，公权力的行使必须合法。法治思维的核心则是保证私权力能够行使的前提下，运用法律来制约公权力的滥用。因此，法治主体在行使权力时必须以法律为准则，确保依法办事。因此，必须按法律规定设置行政机关、合法获取行政权力、严格依据法律做出行政决策，并在法律规定下承担行政责任，遵循"法无授权即禁止"的原则。此外，在行使法律权力的同时，必须保证公正执法，消除非法因素的影响，秉持法治原则，严格执行法律。习近平总书记曾强调："要加强对权力运行的制约和监督，让人民监督权力，让权力在阳光下运行，把权力关进制度的笼子。"[③] 但社会上还存在一些违反依法办事原则、执法不严的情况。因此，党始终强调领导干部要提升法治思维，成为守法的模范代表，率先遵纪守法。若不这样做，法律在实际应用中就难以发挥其真实作用，这将导致公众对法律的信任度下降，甚至削弱政府权力，从而阻碍国家法治的建设。习近平总书记强调："行政机关是实施法律法规的重要主体，要带头严格执法，维护公共利益、人民权益和社会秩序。执法者必须忠实于法律。"[④] 行政机关和公务人员是公共权力的行使主体，他们应当依法、严格地履行自己的职责。

对大学生而言，依法办事并不是与自己无关，每个公民都是依法办事的主体。高校应当多开展法治教育来提升大学生的法治意识，增强他们依法办事的自觉性。依法治国是社会主义现代化建设中一项长期而艰巨的任务。在构建法治社会的过

① 张琼．论我国现代法治社会的形成条件[J]．四川职业技术学院学报，2005（2）：15–17．

② 孟德斯鸠．论法的精神[M]．申林，译．北京：北京出版社，2007．

③ 习近平．决胜全面建成小康社会 夺取新时代中国特色社会主义伟大胜利[N]．人民日报，2017–10–28（1）．

④ 习近平．依法治国依法执政依法行政共同推进法治国家法治政府法治社会一体建设[J]．人民检察，2013（5）：1．

程中，必须注重培养公民对遵法、守法和用法的意识。从这个意义上说，依法治国的核心是依法治权。法律法规的作用不仅限于政府机关行使管理职能，而是需要得到全体社会成员的认可，才能成为规范个人行为的准则，从而实现法律功能的正常发挥，进而构建法治社会。我国古代传统文化中有一种根深蒂固的观念便是“德主刑辅”，这使得中国公民缺乏对法治的深刻理解。对于这种情况，董必武曾说：“我们的人民民主专政的政权要想办法使人民从不信法、不守法变为信法、守法，这虽然是比较困难的任务，但是我们必须完成这个任务。”[①]因此，我们需要全面展开法治宣传教育，在各个领域的社会治理中践行法治原则，树立法治精神，发扬法治文化，培养全社会用法治思维和方式解决问题、化解矛盾的能力，使所有公民都能够自觉依法办事。依法办事是社会主义法治国家建设过程中必然经历的一个阶段，也是每个人都应当掌握的基本方法之一。从法治的角度来看，把握并解决社会问题的方法就是依法办事，它是基于对法治的理性分析与认识而形成的一种认知经验，反映了人们对法治的认同感与遵从感，是人们对法治的理性认识的一种升华。依法办事是依法治国方略在现实层面的具体运用和落实，是依法执政理念的重要组成部分。现代法治观念的实践体现在依法办事上，若不能以法律为准绳，那么现代法治观念只是一句空洞的口号。唯有树立全民守法的社会风尚，方能塑造一个公正、有序、和谐的社会，汇聚全体人民的力量，激发每个人追逐梦想的热情，实现国家富强、民族振兴和人民幸福的中华梦。

四、坚持程序公正原则

自古罗马时代的“自然正义”开始，程序公正一直被继承且不断发展，成为“正当程序”。18 世纪，美国在其联邦宪法中确立“正当程序”为法律的一个基本原则。在中国，传统的法治理念导致在现代诉讼过程中对实体公正的关注相对较多，而对程序公正的关注则相对较少。有的学者甚至提出了程序公正与实质公正为对立关系，两者不能共存的观点。20 世纪 90 年代以来，中国法学界对英美法程序公正优先论进行研究学习的同时，也对中国的实体公正论进行了深刻的反思。在程序公正问题上，学界存在着三种观点：第一种是以实体公正优先，程序公正次之的传统观点；第二种则采取了英法的立场，即以程序为中心，注重程序公正，而忽视实体公正；第三种强调程序公正和实体公正同等重要。目前大多数人都赞同第三种观点。从中国现行的《刑事诉讼法》中，我们可以看到，在查证中对全

① 董必武．董必武法学文集[M]．北京：法律出版社，2001．

部的证据都要“依法定程序查证属实”，以保证证据的真实可信。该方法将程序与实体有机结合，使其既有独立存在的价值，又对定案证据的效力产生了直接的影响。也就是说，未经法定程序查证的证据即便其属实也不得作为定案依据。在中国，程序公正越来越受到重视，特别是在法治执行方面。

程序公正是法治思维的一项重要内容，原因在于只有程序公正才能保证结果公正，而这又必须以一种显性的方式表现出来。程序公正原则不但可以应用于司法场合，还可以应用于行政场合，在解决问题的过程中，要做到事前公开、事中参与和事后告知。在此过程中，国家公权力的行使要按照法定程序进行，不能滥用公权力，也不能随意行事。政府在执行行政决策时，要坚持依法办事，要鼓励市民积极参与，保证市民有发表意见的机会。这样的决策方法，其结果更能为民众所接受和认同，也能更好地满足民众参与社会事务管理的精神需求。公开透明的行政结果保障了公民的知情权。行政结果除了告知当事人及相关人员，也要考虑到公民对政府行政能力的知情权，并接受公众的监督。

对程序正当化的重视是法治思维的首要特点。长久以来，由于对结果过于重视，忽视了程序的正当性以及合法性，造成某些人为了达成目标而不择手段。这样，即便是一个合理的结果，也有可能给社会带来极其不利的影响，从而背离了实现正当结果的本意。在确立坚持程序正当的法治思想时，必须对中国“重视结果而轻程序”的传统思想进行重新审视。程序公正是法治文明的基本特征，是人治与法治、专制与民主之间的界限。在高校中对学生进行法治教育，培养学生的法治观念是非常重要的。我们首先要把重点放在对公民权利的法律保障上，使每一个人都能感觉到程序公正，共享社会成果。

程序公正有着多重功能，它可以保证人们在诉讼过程中享受平等权利，也可以保证这些权利的充分行使。同时，为了维护自己的合法权益，公民也肩负着对权力运行进行监督、规范的责任，以确保自己的合法权益不受到侵犯。习近平总书记指出：“深化司法体制综合配套改革，全面落实司法责任制，努力让人民群众在每一个司法案件中感受到公平正义。”[①] 人民是国家的主人，他们才是国家建设、改革发展的动力源泉。中国特色的社会主义法治，其本质要求就是让人民了解程序法治，享受公平公正，而维护人民合法权益是法治建设的重中之重。其次，要通过优化程序公正的法治化，实现社会公平与效益，使改革发展的成果更好地为

① 习近平．决胜全面建成小康社会 夺取新时代中国特色社会主义伟大胜利[N]．人民日报，2017-10-28（1）．

所有人谋福利。高校法治教育应使大学生了解到权力的公正行使不仅要追求客观公正，还要严格遵守程序公正的要求。虽然程序本身并没有公正的价值属性，但是程序的公正性是实现真正公正的方式。同时，程序公正是一种实现权力、机会和规则等方面公平正义的途径。此外，程序公正的运用能够有效避免其他非公平价值对其产生的消极影响，进而保证公正结果的实现。为此，高校在进行法治教育时，应突出程序公正的重要性。高校学生应当充分认识到程序公正的权威性，并以身作则，遵守程序公正。政府机构和工作人员要始终遵循程序公正原则，对于违背程序公正的人或滥用程序的人，要对其进行法律制裁，营造法治氛围，让所有的社会成员，包括大学生都能够感受到对程序公正的尊重。

从整体上讲，保障程序公正才能实现真正意义上的实体公正，在此过程中，更应注重规则在制定和使用上的正当性与合法性。程序公正不局限于司法活动，对高校学生而言，其更多的是对行政活动乃至日常活动中的程序公正的关注。高校学生应对司法公正、司法民主、行政公正等有一定的认识。因此，可以将程序公正看作一种“流程价值”，它在程序运行的过程中得以体现，是衡量程序本身是否合乎正义标准的价值尺度。这一价值标准实质上是向他人传递个人行为的法律标准，对大学生来说，应当了解这一行为标准，并以其为参照来衡量自己行为的价值标准。当程序向当事人提供了参与的机会时，人们就会更倾向于认为法律权威是公正的，同时也是尊重他人的，这样的认知会让程序的公正感得到进一步提升。程序公正能让人们体会到法律的权威。通过公平的程序得到的最后判决，不但能够得到当事人的认同，也能够使其更加愿意去履行。在司法过程中，坚持程序公正，既有利于维护司法的权威，又有利于公民守法意识的形成。

第二节　高校法治教育的方法原则

法治教育的方法原则是高校法治教育方法的行为准则和思想指南，是高校法治教育本质特征的具体化，是实践中不断对高校法治教育方法规律进行探索的结果。随着高校法治教育活动的不断推进，人们对法治教育的方法原则的理解也在不断深化，并且法治教育的方法原则对法治教育具体层面的方法具有十分重要的意义，是具体方法的方向、准则和要求，具有导向和规范作用。

一、实事求是原则

实事求是体现了唯物主义思想，不仅是党的思想路线，而且是高校法治教育方法的重要原则。在法治教育中，一切从实际出发，实事求是，才能确立适当的法治教育目标，提高法治教育活动的实效性。

（一）实事求是原则的含义

实事求是就是一切从高校法治教育的实际情况出发，把法治教育的方法论与具体的教育环境、条件、教育对象的具体情况、法治建设的现状和教育工作者自身的实际结合起来，对高校法治教育的方法和规律进行探讨，从而提高高校法治教育的实效性。毛泽东在《改造我们的学习》一书中给实事求是下了科学的定义："'实事'就是客观存在着的一切事物，'是'就是客观事物的内部联系，即规律性。'求'就是我们去研究。"[①] 在高校法治教育方法的具体选择中，坚持实事求是原则，就是坚持用马克思主义的立场、观点、方法解决新时代遇到的各种问题。在新时代，我国的社会主要矛盾发生了变化，在高校法治教育领域表现为人们对法治的需求不断增加，而现有的高校法治教育质量跟不上的矛盾，这就需要我们研究新情况，寻找解决这个矛盾的新方法，这就是坚持实事求是原则。

（二）实事求是原则的要求

1. 了解高校法治教育面临的实际情况

高校法治教育到底面临什么样的情况，需要我们面对实际，开展调查研究，获得丰富的第一手实际材料，这就是毛泽东所说的："不凭主观想象，不凭一时的热情，不凭死的书本，而凭客观存在的事实，详细地占有材料。"[②] 因此，要了解高校法治教育受教育者的实际情况，对受教育者现有的法治素养、学习法治的目的、需要解决的实际问题、学习的具体条件等有清晰的了解；要对开展高校法治教育活动的大环境、具体的小环境和微观环境有所了解；要对高校法治教育方法研究的现状、具体方法在教育中的适应性有所了解。

2. 研究高校法治教育方法的规律

了解高校法治教育的实际情况不是目的，目的是在具体材料的基础上，研究材料，分析材料，去粗取精，去伪存真，抓住本质。要分析材料与材料之间的联系，尤其是不能被表面现象所迷惑。要做到这一点，必须具备较高的马克思主义理论

---

① 毛泽东．毛泽东选集　第3卷[M]．北京：人民出版社，1953．

② 毛泽东．毛泽东选集　第3卷[M]．北京：人民出版社，1953．

水平、较为扎实的教育教学知识水平和实际的高校法治教育教学经验，更重要的是要有一定的高校法治教育方法的研究能力，要反复钻研，有科学精神，才能找出高校法治教育方法规律。而一些高校法治教育者想当然地开展教育活动，把法律的强制力想当然地移植到高校法治教育活动中，认为“我讲的，就是你学的”，于是就产生了“填鸭式”“体罚式”等高校法治教育方式，究其原因，就是没有掌握高校法治教育的规律，没有抓住高校法治教育的内在联系。

3. 与时俱进，不断进行方法创新

在高校法治教育方法上，要坚持实事求是原则，必须与时俱进。由于新科技革命的不断发展，一些新技术不断在教育领域运用，给高校法治教育带来了挑战。高校法治教育要善于利用新的科学技术成果，不断丰富法治教育方法。这就需要高校法治教育工作者解放思想，不墨守成规，要勇于接受新事物，也就是说，在高校法治教育方法的探索上，要保持好奇心，要对教育方法的进步有“新鲜感”，只有这样才能最大限度地提高高校法治教育的实效性。要想与时俱进，必须树立终身学习的理念，活到老、学到老，不断用新的知识、技术武装自己，创新高校法治教育方法。

二、以人为本原则

在高校法治教育方法的选择中，以人为本是核心的指导原则。高校法治教育的活动是以人为中心的活动，教育对象是人，出发点与落脚点也是人，离开人的高校法治教育是不存在的。可见，人是法治教育的中心，也是法治教育的目的。

（一）以人为本的含义

法治教育方法要以人为本，因为法治教育的方法本身就是面向人的，捷克教育家扬·阿姆斯·夸美纽斯（Johann Amos Comenius）说过，教学“就是把一切事物教给一切人们的全部艺术，这是一种教起来准有把握，因而准有结果的艺术，就是说，它不会使教员感到烦恼，或使学生感到厌恶，能使教员和学生都得到最大的快乐”①。在这里，夸美纽斯强调教学方法是面向人的方法，方法的选择是一门艺术，这门艺术要能带给教育者和受教育者更多的愉悦、快乐，而不是烦恼。在法治教育中，教育方法不仅要考虑教育者的感受，而且要考虑受教育者的感受，这就是以人为本。

---

① 夸美纽斯．大教学论[M]．傅任敢，译．北京：教育科学出版社，1995．

1. 关注人

在高校法治教育中，要关注人，首先要关注人的感受。高校法治教育的方法要为受教育者接受，这就需要教育者与受教育者多沟通，要授人以渔，让受教育人理解方法，而不能把关注的中心放在法治教育，如法律法规、条文、知识本身上，否则容易导致对受教育者强制灌输。当然，这并不是说高校法治教育就不需要教育者选择有利于知识、法律条文教育的方法，而是说要通过受教育者对方法的理解，逐步达成共识，学习法律知识。

2. 理解人

高校法治教育的以人为本是建立在对人的理解基础上的，一要理解受教育者的需要，在高校法治教育者看来，不同的受教育者有不同的需要，不同的需要对法治教育方法的选择有重要影响；二要理解受教育者面临的环境，如学校的法治教育小环境、家庭的法治教育小环境、群体的法治教育小环境等；三要理解受教育者需要解决的问题，不同的问题选择不同的教育方法。

3. 为了人

这是高校法治教育的目的，无论选择什么样的法治教育方法，最终的目的都是学生的发展，即为学生开展教育。不可否认，我国的高校法治教育仍然是意识形态的教育，但是我国社会主义意识形态教育的最终价值取向是为了人，因此在高校法治教育中，要把为人民服务的宗旨落实到具体的行动上。这就是说，所有的方法不论形式上多么完美，如果最终达不到保护和扩大法治受教育者的利益的目的，就不是好的法治教育方法。当然，这里的“为了人”是从总体上而言的，在具体情况下，高校法治教育所保护的是合法利益，对非法利益是不予保护的。

（二）以人为本的要求

1. 转变教育方法的观念

高校法治教育要以人为本，转变教育方法观念起到重要作用。一些传统的教育方法，如灌输法、讲授法等尽管有合理性，在一定条件下也必不可少，有特定的运用对象、适用范围和环境，但是在高校法治教育中，要真正地做到以人为本，必须转变教育观念，对教育方法进行大胆革新，广泛吸取现代科技革命催生的教育方法。以人为本，还意味着要努力采取受教育者喜闻乐见的教育方法。

2. 发挥受教育者的主体性

发挥受教育者的主体性是以人为本的必然要求，如果受教育者的积极性受到压抑，怎么谈得上以人为本呢？发挥主体的积极性，就是要让受教育者参与到高校法治教育的活动中，争当高校法治教育活动的主人。当然，这并不是否认高校法治教育者的主导作用，而是说，在高校法治教育中，既要有教育者的主导、引导、引领，把握一些方向性问题，又要让受教育者当主角，主动开展高校法治教育的学习活动。

3. 平等待人

高校法治教育要做到以人为本，还要正确处理好人与人之间的关系。随着社会主义制度的建立，我国人与人之间的关系发生了翻天覆地的变化，人与人之间不再是剥削与被剥削、压迫与被压迫的关系。但是也应看到，在现实生活中由于受封建剥削阶级思想和资产阶级思想的影响，一部分人的头脑中残存着等级特权思想，在高校法治教育中，难免以法治知识、技能的占有者自居，有形、无形地以不平等方式对待受教育者，因此无论选择什么样的法治教育方法，在法治教育活动中平等待人都是关键。

三、问题导向原则

在高校法治教育过程中，无论选择什么样的教育方法都必须以问题为导向，没有需要解决的问题，也就没有法治教育的存在，也没有法治教育方法的选择，所以，高校法治教育必须以解决实际的法治问题为基本导向。

（一）问题导向原则的含义

所谓问题导向，是指在选择高校法治教育方法时，要明确法治教育需要解决什么问题，然后根据需要解决的问题选择相应的法治教育方法。从宏观上讲，我国需要全面依法治国，实现治理体系和治理能力现代化，要解决这个问题，需要法治教育；一个单位团体要解决本单位依法治理的问题，也需要法治教育；一个公民在现实生活中会遇到各种各样的法治问题，也需要法治教育。这些问题的提出并不等于问题的解决，问题的解决需要运用一定的手段、方法。什么样的问题需要什么样的方法来解决，这是法治教育规律所决定的。因为问题就是内容，而方法就好比形式，是内容决定形式，而不是形式决定内容。因此，方法选择不当将影响问题解决的进度和效果。

在高校法治教育方法的选择中，要坚持问题导向，其实质就是坚持人的问题的导向，要解决人的问题。任何法治教育不解决人面临的工作、生活、发展等问题，其法治教育都是无效的。比如，找工作、签订合同，寻求法治教育帮助，进行高校法治教育时，就应该选择操作性强的体验法、练习法等法治教育方法，使受教育者理解合同的意义、相关的法律规定以及怎样签订合同。可见，问题导向就是解决人的实际问题，提高高校法治教育的实效性。

（二）问题导向原则的要求

1．理解问题导向的意义

问题导向实际上是检验方法是否正确的试金石。不解决问题的方法是无效的方法，无效的方法将被淘汰或者被新的方法所代替。高校法治教育的问题导向，就是把解决问题的方法与人联系起来，针对不同的人、不同的诉求、不同的需要，采用不同的方法。可见，问题导向原则关系到我国的法律制度在实际生活中是否被老百姓认同。

2．明确高校法治教育的目标

一方面，明确的目标是高校法治教育者面临的问题，高校法治教育者要理解为什么要进行法治教育、其确定的总目标是什么、总目标又分解为多少个具体的小目标等。作为受教育者，也应明确接受法治教育的目标是要解决自己面临的生活中的法律问题，还是社会治理中的法律问题，抑或帮助他人解决法律问题，等等。有了明确的法治教育目标，教育者和受教育者才能在法治教育活动中共同向着目标努力。其间，只要有利于双方达到目标，至于选择此种方法还是彼种方法，选择一种方法还是多种方法，都是可以的。

3．排除干扰

问题导向原则要求排除干扰，因为既然有问题导向，也必然有对问题的干扰。在具体的教育过程中，尽管对问题有较好的选择，但是对问题的干扰也是普遍存在的。这当中，有的干扰来自对法治教育的认识。比如，一些人在法治教育中把焦点集中在法条、规则上，而忘记受教育者的存在；有些人在法治教育的初期有目标，可是随着法治教育过程的推进，忘记了初心。有的干扰来自部门对法治教育不恰当的指导；有的干扰来自教育者对受教育者主体性的压制。因此，在法治教育过程中，要坚持问题导向原则，必须排除干扰。

四、知行统一原则

高校法治教育的知行统一是重要的原则方法，对此，毛泽东指出：“对于马克思主义的理论，要能够精通它、应用它，精通的目的全在于应用。”[1] 孔子要求他

① 毛泽东．毛泽东选集 第3卷[M]．北京：人民出版社，1953．

的弟子“讷于言而敏于行”[①]。王守仁认为，“知是行之始，行是知之成”，主张“知行合一”[②]。可见，知行统一原则是高校法治教育具体方法在选择时必须遵守的原则。

（一）知行统一原则的含义

知是指人的知识和观念，行是人的行为，知行统一就是指人的言行要一致。高校法治教育的知行统一是指高校法治教育既要满足于对法治知识理论的学习，又要使大学生用学到的法治理论指导自身的实际行动。高校法治教育知行统一原则建立的基础是辩证唯物主义的认识论。在辩证唯物主义认识论看来，人的法治素养不是通过理论学习形成的，而是在法治建设实践中逐步形成的，但这并不是说法治理论学习不重要，而是说高校法治教育要克服只重视法治理论学习而轻视法治实践的现象，要努力做到法治教育理论与法治教育实践的统一，做到言行一致、表里如一。

高校法治教育的知是真知，是指理性认识。也就是说，法治教育不能停留于法治知识、理论的感性理解上，因为感性认识是肤浅的，还不是事物的本质。换言之，高校法治教育如果仅仅满足于对条文、规定的了解，止步于对知识、学派、人物的认识，显然不是高校法治教育的目的，一定要由表及里、由浅入深，力求抓住本质，这就需要与人的利益尤其是切身利益、需要解决的现实问题联系起来，与人们创造美好生活的奋斗目标联系起来。

（二）知行统一原则的要求

1. 层次性要求

从纵向看，法治教育无论是知还是行，都是分层次的。不同学段的学生所接受的法治教育应当在内容、深度、广度上有所区别。对大学生而言，要求对某些法治理论、学派有较为准确的认识，对行的要求更高，因为大学生基本上都是成年人，要对自己的法治行为负责。

2. 正确处理好知与行的关系

在法治教育方法的选择上离不开对知行关系的正确处理。在高校法治教育中，知是前提、基础，没有知作为基本保障，也就谈不上行；而行是目的，是最终的归宿，没有行，法治教育就失去了存在的价值。可见，在法治教育中，不能本末

---

① 孔子．论语[M]．杨伯峻，杨逢彬，译．长沙：岳麓书社，2018．

② 王守仁．王文成公全书[M]．北京：商务印书馆，1934．

倒置，因为法治教育中的知源于法治教育的行，知是否正确，取决于行的检验，而不取决于知本身。

五、追求实效原则

到底什么是法治教育的好方法？检验的标准从不同的角度入手可以有多种划分，但是其核心都离不开高校法治教育的实效。没有实效的法治教育方法，表面形式再好，都不是好的方法，因此追求实效是法治教育方法的重要原则之一。

（一）追求实效原则的含义

实效，就是实际效果，表现为国家、社会、集体、个体等多种形式，归根结底是通过个体表现出来的。也就是说，高校法治教育的方法有利于法治教育任务的顺利完成，对学生法治素养的提高起正向作用的方法就是好方法。反之，法治教育方法尽管对学生也有实际效果，但不是正向的实际效果，而是负向的实际效果，选择这样的法治教育方法也是错误的。

在理解高校法治教育的实效时还应注意“十年树木百年树人”的育人规律，也就是说，法治教育的实效不是立竿见影的，实效的显现有一个过程，其间充满了反复甚至倒退，这都是正常的，不能因为一时、一事的负向或逆向效果，而看不到法治教育未来的、潜在的实效。这就是说，在法治教育过程中，应该把当前的实效与未来的实效有机结合。

当然，对高校法治教育实效本身而言，也需要评价，会出现仁者见仁智者见智的情况，不过有一点是可以肯定的，就是如果法治教育使人愉悦，人的幸福感、获得感增强，这样的方法是有实效的。由此可见，对法治教育方法实效的评价，就是看该方法是否内含人的本性，即是否符合人性。

（二）追求实效原则的要求

1. 立足当下，解决人的具体问题

高校法治教育方法的实效性，要求采取的法治教育方法解决人目前面临的紧迫的现实问题，这就要求针对具体的诉求选择方法。方法是为内容服务的，与内容相比，方法处于第二位，因此把人需要解决的问题搞清楚是关键。没有对现实中的人的当下问题的了解，就谈不上法治教育方法选择的实效性。对人的具体问题的解决，能增强人学习法治知识、技能的信心。人的当下具体问题的解决方法是法治教育方法在教育活动中展开的基石，是方法不断改进、内容实效性增强的内在动力。

2. 面向未来，重视发挥人的潜质

高校法治教育不仅有当下性，而且有未来性，要用各种方法激发人的潜能，因为“教育应扩展到一个人的一生，教育不仅是大家都可以得到的，而且是每个人生活的一部分，教育应把社会的发展和人的潜力的实现作为目的”①。在选择高校法治教育方法时，要立足于未来，契合于发挥人的潜质，要把当下的价值与未来的价值较好地统一起来。

3. 循序渐进，逐渐发展法治教育

高校法治教育是一个漫长的过程，在教育方法的选择上，不要因为短时间没有达到预期的法治教育目标就认为方法无效；也不要因为偶然选择的一个方法效果明显，就不分条件地在任何情况下都照抄照搬。任何法治教育方法所服务的法治教育内容，即便能收到明显的效果，也要重视对量的积累的分析。也就是说，要一步一个脚印地打好提高法治素养的基本功。概言之，法治教育方法的选择要有计划性、科学性、系统性，要遵循人的法治素养逐步养成的规律。

第三节　高校法治教育的培养目标

对当代大学生来说，法治教育具有重要的现实意义。法治教育不仅可以提高大学生的法治思维，还可以促进他们法治素养的提升，从而使他们成为法治社会的合格公民。习近平总书记曾强调：“法治人才培养上不去，法治领域不能人才辈出，全面依法治国就不可能做好。”②高校实施法治教育对于构建社会主义法治国家起到至关重要的作用。从一个社会来看，法治的成败取决于社会的决策者和公众对与法治思想相适应的思维方式的认同程度，即“法治思维”，因此若想提高公民的法治思维，必须加强法治教育。促进法治教育的发展也可以推动我国法治现代化建设的发展。明确大学法治教育目标，有利于增强法治教育的实效性，提高大学生的法治思维水平。

随着国家现代化建设的推进，法治观念的重要性日益凸显。法治教育的核心

① 联合国教科文组织国际教育发展委员会．学会生存：教育世界的今天和明天[M]．华东师范大学比较教育研究所，译．北京：中国人事出版社，1996.

② 张伟．德法合治视域下红色基因融入法学教育的路径探索与模式创新[M]．重庆：重庆大学出版社，2021.

目标在于培养人们尊重、遵守法律，不仅是为了权衡得失，更是为了认识到法律制度对社会秩序和生活的重要作用。只有在法律的保障下，社会才能呈现出良好的秩序。法治教育应该培养个体注重塑造自身人格的意识，使得每个人都能够自觉地遵守规范、承担责任，并在社会生活中独立自主地行动。只有这样，大学生才能形成独特的人格特质，成为法治的重要主体。

为了实现国家治理的现代化，民主与法治已被确立为一项基本的公共治理理念。构建一个法治社会，其目的就是实现良法善治。而这都要依赖法治教育的推进，高校担负着为构建法治社会培育优秀人才的重任，其目的应该是以法治思维为基础，从“知、情、意、信、行”五个层面进行法治教育，即让学生具备自觉遵纪守法、遇事找法、解决问题依靠法的观念，养成按规矩办事的思维方式，并将规矩内化为自己的行为规范，进而塑造出具有自主意识的法治人格。在法治教育中，高校应当注重培养学生对自身人格的塑造，让每个人都能自觉地遵守规范，承担责任，并在社会生活中自主行事。唯有如此，他们才能在社会生活中形成自己特有的个性，形成自己的行为模式，并在社会生活中发挥自己的作用。

一、树立自觉守法的理念

在现代社会，以法治思维来分析、观察、解决社会问题，成为一个不可缺少的视角。法治思维作为当代思维多元化的重要组成部分，其价值和作用是不言自明的。法治教育的宗旨是让人们自觉遵守法律，成为守法合规的优秀公民。自觉守法的前提是要有“知”和“情”，要求公民有法律意识、法治情怀。自觉守法是我国法治建设的理想状态，也是我国法治建设的重要目标。日本法学家川岛武宜曾指出：“大凡市民社会的法秩序没有作为法主体的个人的守法精神是不能维持的。”① 换一种说法就是，如果法治无法被遵循，那么它便失去了存在的意义。法治的核心在于人们自觉守法，而不仅仅依赖强制力量来实施。因此，守法应该被视为人们的一种内在精神活动。高校要发挥大学生的主体作用，激发他们的主观能动性，让他们自觉地学习并掌握一些法律的基本知识，从而对社会主义法治产生一种认同感；激励他们主动地学习法律，自觉地遵守法律，坚决地维护法律的尊严，从而实现理想的法治社会。

良法是守法的先决条件。我国法律法规从无到有、从有到优，国家法治建设得到了重大改观。按照党的十五大提出的目标，我国在 2010 年时成功地构建了

① 陈康帅．传统德治理论与实践研究[M]．青岛：中国海洋大学出版社，2021．

中国特色社会主义法律体系，这是中国特色社会主义制度走向成熟的标志，也是我国社会主义民主法治建设史上的重要里程碑。从法治建设的成果来看，中国目前已建立起一套较为完备的、符合中国特色社会主义要求的法律体系，也具备了使公民自觉遵守法律的基础和前提。只有通过高校法治教育让青年具有深厚的法律知识储备，对社会主义法治价值观有深刻的认同，才能达到让他们自觉守法的目的。

尽管有法可依，但不能保证所有人都会遵守法律，还必须坚持有法必依、执法必严、违法必究，才能真正实现法治。在任何法律秩序中，法律情感都是不可或缺的因素，且无法完全依靠功利主义伦理学来支撑。有了法治信仰，人们就会向往法治社会，并愿意以自己的实际行动来推进法治社会的建设。只有经过法治教育的熏陶，人们才能自觉地遵法守法，认同并忠诚于法治，对法治产生信任，这样才能实现法治社会的理想。伯尔曼认为："确保遵从规则的因素，如信仰、公正、可靠性和归属感，远较强制力更重要。法律只有在受到信任，并且并不要求强制力制裁的时候，才是有效的；依法统治者无须处处都仰赖警察。"① 这表明，法治教育的目的是让公民自觉遵守法律，因此高校开展的法治教育也是这个意图。即使法治体系再健全，也需要经过培育，才能够被全体社会成员所认同和接受。

大学生需要接受法治教育，从而提升自身的法律素养，了解法律知识，自觉地遵守法律，明确自己的权利和义务以及所能做和不能做的底线和范围。高校法治教育要使大学生意识到，法律并不只是一个人的行为准则，而是所有社会成员都应该遵守的一种社会规则，如果违法了，就要接受强制性的惩罚。法律是不可逾越的"红线"，任何个人与国家机关都要遵守法律，不能违法乱纪。高校应肩负起法治教育的责任，促使大学生自觉树立守法意识，并积极维护法律的权威地位。此外，法律不仅规范个人行为，还对政府公权力的行使进行了限制。

首先，高校的首要任务是教育大学生认识和尊重宪法的权威。宪法是国家的根本大法，是所有组织和个人都必须遵守的法律。就法治思维的构成要素而言，要以"知"为先决条件，使大学生对宪法的基础知识有所了解，并认识到宪法在法律体系中的核心地位。宪法是其他法律的基本依据，具有最高的法律效力和权威性。大学生应尊重宪法，并把它作为自身行动的指南。其次，作为国家未来的栋梁，大学生应该主动学习宪法和相关法律知识，依据宪法和法律行使权利并承

① 伯尔曼．法律与宗教[M]．梁治平，译．北京：生活·读书·新知三联书店，1991．

担义务，自觉接受法律规范并约束自己的行为。宪法对公民的基本权利和义务给出了明确规定，教育大学生在行使权利时要处处以法律为依据，不无限扩大自己的权利，同时要具有自觉履行法律规定的各项义务的意识。

大学生法治思维形成的心理基础在于他们情感上认同社会主义法治价值观。因此，高校法治教育应该深入人心，使大学生内化自觉遵守法律的意识。其关键在于引导他们对社会主义法治价值观产生认同感，这就需要大力推进法治教育，让大学生在心中构建对法治的忠诚与信任。法律制度要求我们在理智上认可社会所推崇的合法美德，更要求我们通过自身的实践和奉献，全心全意支持和维护法治。

二、具备遇事找法的意识

法治思维是一种价值观念，高校应贯彻“法律至上”的原则，对大学生实施法治教育，以使其养成尊重法律、遵守法律的好习惯，逐渐树立对法律的顺从和敬畏之心。只有当人们对法治有了信心时，法治才会成为人们解决问题的首选方法，也才会产生遇事找法的意识。信仰法治是人们内心深处持有的一种情感，它表达了人们对法治的庄严崇敬和情感依赖，并深深地根植于人们的心灵深处。当人们面临问题时，第一时间考虑求助于法律，将法律的准则和措施作为解决问题的首选和唯一出路。习近平总书记强调：“领导干部要把对法治的尊崇、对法律的敬畏转化成思维方式和行为方式，做到在法治之下，而不是法治之外，更不是法治之上想问题、作决策、办事情。”[①] 在处理问题时遵循遇事找法、行事依法，这不仅是对领导干部的要求，也是法治社会对每个人的要求。在社会主义法治的观念下，大学生要坚持法治优先原则，要有较强的法治意识，在解决问题时要坚持依据法治原则，秉持“遇事找法”的理念。因此，大学生应该熟悉国家现行的法治理论、法治道路和法律制度，同时要尊重并接受国家的法治体系。高校法治教育的使命在于培养学生具备深刻的社会主义法治理念，让他们自信并自发地走中国特色社会主义法治之路，更好地解决国家和社会法治生活中的各种问题，并引导他们通过合法途径达成目标。此外，对大学生而言，法治思维不仅是一种重要的价值取向，更是一种导向思维模式。遇事找法的意识不仅体现在宪法和法律的适用和实施方面，还体现在每个社会成员，包括大学生在内，参与社会法治活动的每一个环节中。习近平总书记还指出：“谋划工作要运用法治思维，处理问题要

① 中共中央文献研究室．习近平关于全面依法治国论述摘编[M]．北京：中央文献出版社，2015.

运用法治方式，说话做事要先考虑一下是不是合法。”[①] 遇事找法指的是无论做什么事，首先要考虑是否合法，即在具体的工作过程中，要把法治思维融入具体的工作。遇事找法对高校学生提出了更高的要求，它要求学生的法治思维不仅要丰富，更要有开放性。这种丰富与开放是建立在人们对法治的自信上的。所以，把法治教育引入课堂，归根结底就是要把法治引入大学生的思想中，让他们形成遇事找法的意识。

党的十八届四中全会提出：“法律的权威源自人民的内心拥护和真诚信仰。人民权益要靠法律保障，法律权威要靠人民维护。”[②] “信”，也就是对法律的信仰，是人们构建法治思维的要素之一，也是进行法治教育的重要依据。树立法治信仰，让大学生的法治信仰在实践中得以验证，这样就可以使大学生将遇事找法的原则运用到实际生活中。“意”就是社会主义法治意识，它也是构建法治思维的要素之一。高校应当引导学生树立法治意识，激发其主动学习法律的热情，从而使其具备遵法和守法的能力，进而掌握正确运用法律解决自身及周围各种问题的技巧，同时能够运用法治思维进行深入分析和判断，了解法律在解决问题中的作用。当前我国已经进入依法治国的新阶段，国家越来越重视对公民法律意识的培养，并且将其作为一项重要内容列入教育计划。但是，在现实生活中，仍然存在着一些不按照法治原则办事的现象。习近平总书记说道：“‘法不阿贵，绳不挠曲。’这就是法治精神的真谛。”[③]

对大学生而言，应该逐渐养成遇事找法的习惯，不断增强对法治的责任感和参与政治的积极性。遇事找法的思想理念体现为人们在实际生活和工作中能够自觉遵循法治原则和法律法规，以法治程序处理问题。在高校法治教育中，重点是要让大学生拥有依法约束自己行为的能力，并且能够用法律知识预知自己行为可能造成的后果，从而避免违法和犯罪行为的发生，也就是要形成以法律为准绳的思维模式。当前，我国大多数高校都已开设相关课程，但其教学效果却不尽如人意，究其原因，部分学生的法律意识不强，对法治思想认识不足。大学生处于塑造世界观、人生观、价值观的重要阶段，虽然他们已经接受了法治教育，但是他们还没有形成稳固的法治思维，所以他们在日常生活中应用法治方法的能力比较薄弱，而且没有完全形成遇事找法的意识。在法治教育中，权利与义务是其核心内容，培养正确的遇事找法的意识也应该以权利和义务教育为主要方向。要想更

① 中共中央文献研究室．习近平关于全面依法治国论述摘编 [M]. 北京：中央文献出版社，2015.

② 易赛键．建设法治中国 [M]. 北京：中国青年出版社，2022.

③ 中共中央文献研究室．习近平关于全面依法治国论述摘编 [M]. 北京：中央文献出版社，2015.

好、更有针对性地加强对大学生的法治教育，就必须引导大学生将权利与义务作为一个整体。遇事找法的意识有两个层面：一是认同法律，把法律当作处理社会事务和国家事务的第一根据，并把法律当作自己的行为准则。作为法律主体的大学生，在维护自身合法权益的同时，也应当遵守法律规定并履行相应的法定义务。大学生在日常生活中，一定要对自己和别人所拥有的权利和义务有一个清晰的认识，既要维护自己的合法权益，又要避免侵犯别人的权益，同时能够主动承担起法律责任，时刻将法律摆在首要的位置上。二是遵纪守法，大学生不仅要确保自己的言行符合法律规定，而且在对待个人与他人、个人与社会、个人与国家等事务上，都要遵纪守法，在法律的约束下行动。

就高校法治教育而言，一方面还存在一些问题，如缺乏明确的定位、思想认识不够深刻、教育内容不够完备、保障条件不够充分等，这些问题尚需得到合理解决，以实现高校法治教育的目标。另一方面，将法治教育纳入国民教育体系的目的是让法治成为青少年思维方式和生活方式的一部分。这不仅是为了让大学生将法治意识内化为自身素质，更重要的是希望他们在日常生活中能够体现法治行为，这为大学生的法治教育提供了具体的发展指引。首先，高校法治教育的目的不仅在于传授法律知识，更要引导大学生运用所学知识，将法律思维融入生活，采用多种教育方式和手段使知识内化为法治思维，培养他们遇事找法的自觉性。其次，需要将法治教育贯穿大学生的日常生活，让学生不再是被动地接收法治知识，而是能够在生活中亲身感受法治的影响。此外，大学生遇事找法的意识还可能受到良好的社会秩序、规则制度和廉洁的社会环境的影响。

三、养成解决问题靠法的习惯

法治思维起于知，终于行，其最终目的在于行动，也就是把法治思维落实到实践中。而对大学生而言，就是要养成用法律来解决问题的习惯。在社会生活中，问题无处不在，不断审视和解决问题是社会前进的核心推动力。人们要对问题存在的意义和价值进行正确的认识，要牢牢地抓住主要矛盾，并将其解决，只有这样，社会发展才有可能再上一个台阶。法治是为了维护社会秩序和公正，由统治者制定的规则体系。这些规则旨在促进社会的发展，解决纠纷和问题。法治的目的不在于消除问题，而在于寻找能够合理解决问题与矛盾的方法。中国特色社会主义进入新时代，我国社会主要矛盾已经转化为人民日益增长的美好生活需要和不平衡不充分的发展之间的矛盾。社会存在的主要矛盾不可避免地引发了一系列社会问题，如果得不到及时且有效的解决，将会严重制约社会进步与发展。历史的经验证明，法治是解决社会问题最行之有效的方法。在构建社会主义法治的过程中，我们必须用法治的思想、方法去分析和解决问题，这样才能体现出法律的权威。在解决社会问题时，必须遵守法律的原则，以法律的方式来实现社会的公正与正义，从而建立一个和谐的社会。

法律体系是社会矛盾得以解决的制度保障。虽然中国已初步确立了社会主义法治体系，但是我国的法治建设还有待进一步完善，社会的制度化和法治化仍是一个长期的过程。法治体系的建立仅仅实现了依法治国的一个阶段性目标，社会的制度化和法治化仍然任重而道远，不论是领导干部、政府员工，还是所有社会公民，都需要养成依法解决问题的习惯。通过这样的方式，我们就能在实际工作中避免人治的弊端。党的十八届四中全会指出："健全依法维权和化解纠纷机制。"[①]要想解决当前社会中存在的种种问题，就必须尽快加强法治教育，提高人民运用法治手段的能力。这就要求我们改变过去以权力、感情、财富来代替法律的统治观念，扭转"有法不依"和"有法难依"的局面，学会用合法的方式来解决问题。在解决问题时，我们需要将法律作为准则，保护我们的合法权益，同时要避免侵害他人的利益，更不能违反法律的基本原则。

① 习近平．关于《中共中央关于全面推进依法治国若干重大问题的决定》的说明[N]. 人民日报，2014—10—29（2）．

第三章　高校法治教育的理论基础

本章主要介绍了高校法治教育的理论基础，分别从高校法治教育的主体教育理论、高校法治教育的有效教学理论、高校法治教育的马克思相关教育理论三个方面进行了叙述。

第一节　高校法治教育的主体教育理论

马克思主义对人与社会的关系、人际交往、个体内在本质、主观意识、需求、地位、权利义务、自由平等、理想信仰等方面进行了深入探究，相关理论为当今思想政治教育人学理念的转变提供了全新的思路。与此同时，它也为中国现代法治教育提供了新的思路，使其方向由工具理性转向价值理性。如何在有限的法治教育中激发大学生的主观能动性、自主性和创造性，是高校必须应对的挑战。主体教育理论为我们提供了一种全新的理论视角，可以用于在教育哲学的范畴内探讨高校法治教育。

一、主体教育理论提出的社会文化环境

20 世纪 80 年代，中国经济蓬勃发展，主体教育理论随之出现。在这个阶段，中国社会正在经历一系列的巨大变革和创新，人们逐渐意识到自我的存在，同时在科技进步、物质生活水平提高以及思想迷茫等因素的共同影响下，不断融入现代社会。主体教育理论正是旨在探讨在教育学领域中如何将人的主体地位体现出来，它是在时代背景下人们对教育体系做出的反思。科技的发展为人类带来了劳动解放、物质繁荣和生活便利，但也给人们带来了许多负面影响，如在经济全球化过程中，出现了生态失衡、环境污染以及人与人之间的疏离等问题。主体性的思想观念一直以来都扮演着支撑人类现代化的重要角色，在这样的背景下，这一观念由最初的“高扬奋进”向现在的“消解反思”转变，再次引起了哲学家和教育学家的关注。

随着历史条件的变化，人类总是适时提出、探索和反思关于主体性的问题。由于西方社会的发展较快，他们比中国更早地面对了这个问题。18 世纪工业文明初期，西方社会在物质不断被满足的前提下，形成了以科技至上、工具理性等占有性为主导的个人主体思维。在这一特定时期，人类的主观性逐渐反映在对自然和社会的认知中，随后变成个人生存信仰，并且体现在人类不断地征服和占有自然和社会上。占有“意味着，我想为自己获得一切；意味着，不是分享而是占有给我带来乐趣；意味着，我必须愈来愈贪婪，因为我若以占有为目的，则我占有得越多，我就愈了不起；它还意味着，他人就是敌人……我永无餍足。因为我的欲望就是个无底之窟”[①]。人们常常通过占有某些东西来彰显自己作为主体的卓越性。在工业时代，占有也被视为显示自身主宰地位的最高荣耀。假如说在工业文明时期，人们倾向于通过占有来展示他们的主体性，那么西方哲学家则一直从形而上学的角度思考人作为主体及其主体性的问题。

西方哲学家在这一方面不断取得进展，从法国哲学家勒内 · 笛卡尔（Rene Descartes）的“我思故我在”，到德国思想家伊曼努尔 · 康德（Immanuel Kant）的“我思”即“自我意识”“理性为自然立法”，再到德国哲学家格奥尔格 · 威廉 · 弗里德里希 · 黑格尔（Georg Wilhelm Friedrich Hegel）的“实体即主体”，逐步将主体性思想发展成了近代哲学的极端，这体现出近代西方哲学家对主体性的不断深入探索和审视。虽然黑格尔将主体性思想发展到了近代哲学的极端，相关的思考却并未由此停止。19 世纪末 20 世纪初，西方哲学对主体性的思考方式发生了极大的转变，德国哲学家埃德蒙德 · 胡塞尔（Edmund Husserl）的“交互主体理论”旨在超越个体的自我意识，强调人类作为交互主体的共同体验。德国哲学家马丁 · 海德格尔（Martin Heidegger）等人尝试以存在论的视角来探讨主体性。德国当代哲学家尤尔根 · 哈贝马斯（Jurgen Habermans）等人研究了主体间有效性的问题，从语言学的角度进行了探讨。这些哲学家共同提供了对主体及其主体性进行探究的西方谱系。

尽管马克思主义哲学并未直接关注主体性的问题，但它作为一种哲学思维方式和哲学形态的变革，始终强调实践和主体的重要性。马克思的历史唯物主义观很好地体现了他对主体及主体性的理解，他认为人们的主体性并非天生的，而是在实践中逐渐形成的。这种生成主体性的过程为人们提供了一种新的视角，帮助

① 弗罗姆 . 占有或存在：一个新型社会的心灵基础 [M]. 杨慧，译 . 北京：国际文化出版公司，1989.

人们用自主的精神在实践中走向自由、自觉和理性的现代主体。通过这种理解，可以避免过度依赖个体主体性，从而杜绝人类与物的异化现象。

随着对西方哲学家对主体性认知的深入探究，教育界也在不断发展进步，逐步更新在主体性理论支持下的教育理论。在教育领域中，个人主体教育是主体性哲学在教育实践中的直接应用，经历了从自然主体教育、理性主体教育到价值主体教育的演变。

有学者认为，个人主体教育是18世纪资本主义产生之后的必然产物，是培养“以物的依赖性为基础的人的独立性”的应然选择①。然而，西方社会过于强调个人独立自主和发展，导致人们开始反思将人物化和异化后的所谓“主体性”。这种反思的集中表现在人们开始在“主体间关系”“交往”“生活关系”等相关理论的探讨上发生了方向性的转变。西方学者生动地称之为“主体性黄昏的到来”，这一词汇用以形容那个时代下的人们对个人主体性困境的反思。

随着时代的发展，我国市场经济日益完善，促使中国人民提出了主体性教育的理念。一大推手是为了维持经济社会的和谐稳定，需要充分利用和发挥人的主观能动性来促进科技的快速发展。另外，思想解放运动提供了理论基础，为个人主体性的解放提供了支持。

如果说自改革开放以来，个人的解放和科技的发展是中国社会最紧迫的需求，那么在教育领域，迫切的需要就是推崇主体教育理念。

主体教育理念因时代而来，也是时代精神的体现。随着现代科技的飞速进步，生产方式越来越趋向智能化，新技术的涌现也带来了前所未有的挑战，创新型人才成为现代社会急需的人才。因此，教育应该跟上时代的步伐，着重培养学生的自主意识，为社会提供具备相关知识、技能以及创新力和团队协作意识的人才。另外，我们也需要重视学生的应变能力、执行力和工作效率。现代高校法治教育的一大特征就是强调个体的主体意识，这已经成为广泛的共识。

二、主体教育理论的教育主张

自20世纪80年代以来，相关学者一直在深入研究主体教育，探讨了主体性、教育主体、学生主体、教师主体、学校主体等概念，并在对这些概念做出详细辨析的基础上，探讨和争议了几种不同且相互冲突的教育观点，包括以教师为主的教育观、以学生为主的教育观、互为主客体的教育观和双方作为主体的教育

① 冯建军．当代主体教育论[M]．南京：江苏教育出版社，2001．

观。学者也对主体教育的含义和哲学意义上的主体的多重概念进行了深入的解析和探讨。有学者认为，主体教育理论中涉及的主体概念实际上是指认识论中的主体。不过需要明确的是，认识论的主体并非等同于认识的主体。人作为主体不仅包括认识的方面，还包括行为、价值、审美等多个方面。由于不同主体的意义存在明显的差异，故无法随意混淆[①]。因此，同样需要明确的是，教育领域的主体理论和主体教育理论是两个不同的概念，它们并不等同。在我国主体教育理论经历了反思、总结、批判、概括和提升阶段后，2005 年河南大学召开了“全国主体教育理论第二届专题学术研讨会”，与会专家学者达成了共识，认为我国主体性和主体性教育不是走向黄昏，而是在依托 13 年教育实验的基础上，开始了更为深入的研究；主体教育在我国当前乃至今后的一个时期内，仍是一个历久弥新的话题[②]。总的来说，主体教育理论在确定主体时以认识论为出发点，其中的“主体”即带有目的性的认知和实践行为的人。主体教育理论的主体需要具备两个基本条件：一是主体只能是有自主意识的人；二是主体必须有具有目的性的认知和实践行为。以这种视角来看，主体和人在实际行动中本质上是内在紧密统一的，这说明主体教育理论丰富而富有内涵，其思想深刻而广泛适用。

（一）本真的主体教育是主体教育理论的“硬核”

主体教育理论的核心是探讨如何培养和发掘学生的自主性。主体教育理论的出现是为了纠正传统教育忽视个体需求的问题。要解决这个核心问题，首先需要探讨教育的主体身份问题。如果能确定教育者或受教育者的主体地位，或者加强教育者和受教育者之间的互动和合作，那么主体教育的使命就会顺利实现。随着学术界的不断探索和交流，最终我们更清楚地认识到了本真的主体教育是主体教育理论的“硬核”。根据北京师范大学教师李秀萍的观点，所谓本真的主体性就是指“学生真正发挥主体性之后表现出来的自然状态，这种主体性的表现是学生有明确的目的意识、选择意识以及方向意识”[③]。本真的主体教育的前提是让教育对象成为教育的主体，它通过引导式教育实现教育对象由被动接受知识转变为自我引导式学习，即让教育的主体——学生进行自我教育。常规的或机械的主体教育在这一阶段通常会停滞不前，而本真的主体教育需要在此基础上继续推进，确

---

① 孙迎光．南京师范大学青年学者文丛：主体教育理论的哲学思考 [M]. 南京：南京师范大学出版社，2003.

② 刘志军，张红霞．第二届主体教育理论专题学术研讨会综述 [J]. 中国教育学刊，2005（4）：37—39.

③ 李秀萍．新时期主体教育研究应关注的三个问题 [J]. 中国教育学刊，2005（4）：33—36.

立学生的主体地位只是主体教育的开端，此时的主体性“是一种独立或半独立的实体在一定的监护引导和规范下，发挥出来的有限的主体性；学生主体性生成的基础——对象性关系是一种间接的和‘准社会’的关系；表现学生主体性的那些具体的功能性，如自主性、能动性和创造性等，因受其‘本质力量’尚处于‘孱弱’阶段的掣肘而只能有限地发挥，且总是与其自身客观具有的依附性、受动性和模仿性矛盾……学生主体性发展过程中矛盾的发生与转化，主要表现为能动性与受动性、自主性与依附性、创造性与模仿性、独特性与共同性”①。学界将此类主体性称为异化的主体性，主体教育的目标不在于培养学生异化的主体性，因为异化的主体性并不是真实的，而是一种错觉。虽然受教育者看似表现出了自主性和能动性，但实际上他们只是表现出了教育者希望他们表现出的放任自由的形象。主体教育理论所追求的本真的主体教育，其目的是在教育过程中让教育对象真正成为主体，而不只是停留在“表面的行为发出者”的意义上；不应当认为“做出行为”便是确定了主体地位，主体便能自发学习和创造。

本真的主体教育必然涉及不断深入的认识和实践，发掘、增强和实现自身的自主性和能动性，同时脱离各种虚假、彼此异化的主体性形态与掩饰形式的干扰。本真的主体教育的价值在于受教育者不盲目地行动和不无助地受外部力量的影响，是让他们有独立的思考和行动方式，基于对人类生产性的观察去接受教育。总而言之，本真的主体教育是通过理性教育，使受教育者具备辩证的思维。

辩证理性教育看重发展学习者的非理性思维能力，如直觉、灵感、猜测、表象、联想等，还关注培养学习者的感性部分，如需要、兴趣、情感和动机等。相对于传统的唯逻辑理性教育，辩证理性教育纠正了其落后之处，即使用死板的语言、逻辑、概念等理性化的方法和工具对学生进行教育。可以明显地发现，辩证理性教育并非与逻辑理性教育相等同，拥有辩证理性思维的人并不只具备单一的逻辑理性思维。

本真的主体教育就是通过理性教育让受教育者对“理性”与“非理性”有一个全面辩证的正确认识。辩证理性教育是在确保进行了以逻辑结构为框架的科学文化知识教育的前提下，将培养理性和非理性融为一体的健全人格作为重要目标的教育。

辩证理性教育并不崇尚逻辑至上的理论，不把人看作逻辑和概念运行的产物，而将人视作生命实践的结果，强调实践对人的重要性；辩证理性教育看重理性

① 李秀萍．新时期主体教育研究应关注的三个问题[J]．中国教育学刊，2005（4）：33–36．

的、辩证的“运思”教育，追求人的精神发展的质的平衡，注重以辩证理性的思维调控科学技术理性。辩证理性教育将培养健全人格作为重要目标，这一目标的相关理论使得主体教育理论格外闪耀。

（二）启发、尊重、承认教育对象的“选择自由”是进行主体教育的首要任务

主体教育的核心特征是培养受教育者的主体性，即通过学习和发展，使他们成为真正的主体。主体教育的本质就是发展人的主体性的教育。正是因为人拥有主体性，才会拥有自我意识、选择权、自主思考和创造能力，才能在认识和改造世界的过程中充分展现自己，实现自身的存在价值。可以说，主体性是人作为主体的根本属性。

在进行主体教育时，首要的任务是培养学生的主体性，让学生成为有主动性、自我意识和自我价值观的人。要想使受教育者成为有主体性的人，最基本的前提和首先要做的准备就是引导受教育者拥有“选择自由”。主体性的核心在于个体拥有自由性，自由性“是主体在主客结构中的自由选择性，即对客体、实践手段方式以及实践结果的选择，这是与必然性相对应的”①。

在现实生活中，人们在进行主动选择时，通常会展现出异化的能动性或者不可异化的能动性。异化的能动性通常是指在面对强大的力量时展现出了屈服和盲从，这是因为选择的自由性并没有得到保障。而不可异化的能动性则是指在没有外在影响的情况下做出自主的决策。如果剥夺了受教育者的“选择自由”，那么他们的主动性便会无根可依。

确立人的主体地位的过程中需要经历两个关键的阶段，分别是意识阶段和活动阶段。其中前者是后者的必要准备，只有在意识上体现了主动性，外在行为和表现才能将主动性发挥出来；只有在意识上体现了主动性，外在行为和表现才能产生出自发的、体现个人意志的结果。这两个阶段之间存在相互作用。

换句话说，个体在意识上自觉地形成主体性对于培养个体的主体性至关重要。人的自主选择赋予了人类开放和进步的可能性。自由赋予了人类极大的权利，同样给人类提供了承担巨大责任和改变自身的机会。主体教育的目标是通过教育方式，使受教育者的精神受到影响，明确其在整合健全人格中的责任，萌发自我意识，自我启发个人的价值观念，从而让其始终保持自我反省、成长和提升的状态，不断超越自我，积极规划和设计未来的发展方向。当然，不仅要对受教育者进行

① 张蓬．主体性问题学术讨论会综述[J]．人文杂志，1991（5）：15—17．

恰当的启发、尊重并予以认可，还要将之与要求结合起来，只有这样，真正的尊重和认可才能实现。我们还需要认识到在尊重受教育者“选择自由”的同时，要对“选择自由”有一定的限制和约束。这种约束需要建立在社会历史条件的规定之上。这种遵守规定的人的“选择自由”既凸显了人的主体性，也彰显了教育和主体教育的真正意义。

（三）“对话”与“我思”是主体教育的主要特征

在教育过程中，通过“对话”与“我思”可以形成“参与—合作—交流—共享”的流程，这体现出一种可以表现教育者和受教育者之间平等的教育，可以将其称为共主体教育。鉴于以上原因，“对话”与“我思”成为判断主体教育的主要依据。“对话”和“我思”使得参与的双方都避免以自我为中心的现象，从而使得教育者在获得生命经验、增长智慧和完善人格方面有所收获。在教育中，并非所有形式的语言交流都被视为“对话”，“对话”的核心在于培养民主和精神意识，注重相互理解、合作、共存、共生、和平共处和共同创造，这样的语言交流才被视作“对话”，从中产生的精神被称为“对话精神”。详细来说，“我思”中的“我”彰显了主体的存在，而“思”则为主体表明了其发挥的场合。“思”的含义具体来说是“辩证思考”，是一种不在未经思考的情况下将课本和权威的话全盘接收的正确思考方式，其关键在于“分辨”，主体应当充分发挥自身的主体性，敢于质疑。“我思”的过程是充分发挥自我意识的过程，深刻体现了自觉、自由、创造、自为的主体性。很显然，若想采用主体教育的方式，就必须乐于接受“我思”的过程。如果说“对话”是主体教育体现其存在的外在表现方式，在某种意义上，“我思”则是主体教育质的规定性的直接体现。

“对话”与“我思”都反对应试教育，反对学生机械化地被灌输大量的知识，只保证知识“量”的灌输，而忽视学生主体性的发挥。两者均反对教育者采用简单粗暴的“灌输式”教学，这种违背“对话”与“我思”教育方式的错误，“不在于传播铅字知识、权威人物的知识、相对真理的知识，因为教育不得不传授这些知识。它错在止思，将人们的思维都逼到了封闭的、标准答案的唯一性‘对’中，此‘对’让人们不再分辨‘何处必须寻求证明，何处不需要寻求证明’，使人变得‘未受教育’”[①]。教育的本质在于在“对话”与“我思”的过程中，使受教育者的主体人格得到健全。

① 孙迎光．南京师范大学青年学者文丛：主体教育理论的哲学思考[M]．南京：南京师范大学出版社，2003.

教育是一种多元主体之间以共同客体为媒介的互动交流过程，而不是单纯的教育者对受教育者的主体改造关系。

语言是实施教育的必要中介，因此教育过程被视作教育参与者之间就教育内容进行对话和交流的过程。如果不将“对话”和“我思”作为教育方法，那么主体教育将失去其吸引力和意义。因为对主体教育理论来说，“对话便是真理的敞亮和思想本身的实现”①。

三、主体教育理论下高校法治教育的要点

主体教育理论是现代教育理论的重要组成部分。主体教育理论的教育目的和理论意义与其哲学基础密不可分。随着我们对主体及其自身性质的认知不断深入，主体教育理论也在不断深化和拓展。近年来，哲学对主体性和主体的探究对主体教育理论的培养目标及其最高目标产生了积极的影响。

（一）培养学生健全的主体人格

主体教育被广泛认可的原因是它提出了一种先进的教育理论，以应对现实中工具性教育所面临的问题。主体教育理论的核心在于通过教育对学生的人格进行塑造，以培养健全的主体。主体教育理论主张人不应被视为工具，而是应该被培养成为自由发展和参与社会的能力强的个体。

主体教育理论反对把社会和个人对立起来的观点，认为个体的自我实现应当和社会需求之间保持平衡，而不是为了人的社会化而舍弃其个性化。为了满足社会的需要而对个人进行工具化的培养，这种工具化教育必然以功利为导向，最后致使只讲功利而不讲过程，这种可悲的功利主义影响下的教育存在以下两大弊端：第一，学问变成了政治和经济手段，失去了其应有的自主性和尊严。第二，功利主义的片面的价值观认为唯有可以创造经济财富的知识技能才有学习价值，而因对其进行学习的学生则会成为知识、技术和利益的傀儡，最终会导致其没有自我意识而浑浑噩噩，人生无法体现个人价值和尊严。反过来说，主体教育理论一直强调将个人的成长、发展和完善放在教育最重要的位置。它视提高受教育者的主体意识、发展其主体能力和塑造其主体人格为教育的核心任务。这意味着高校法治教育需要关注学生人格的塑造，以促进个人全面发展为目标，引导学生全面接受法治教育，培养他们具备完整的法治素养。

① 雅斯贝尔斯．什么是教育[M]．邹进，译．北京：生活·读书·新知三联书店，1991．

（二）培养和发展学生的类主体性

主体教育理论将培养和发展学生的类主体性视为个人主体性培养和发展的最终目标，旨在通过反省主体的更高层次将个人主体性从盲目张扬阶段提升至更高的人类发展层面。培养和发展学生的类主体性就是在遵守自然发展规律和社会规律的条件下，确保受教育者可以充分发挥个体的自由性，全面积极地发展，进而引导其培养自我意识和个性，从而促进人与自然、人与社会、人与人之间的和谐融合。主体教育理论的最终目标应当立足于类主体性，只有这样才能预防学生个人主体性无限制地发挥，进而进入“人类中心论”“个人中心论”的陷阱。在类主体性的引导下，可以通过让个人的主体性向类主体性转化来实现个人向社会历史活动主体的转化。

主体教育理论支持强调个体之间在思想和地位上的平等，这种观点为树立法治教育中的民主平等观念提供了教育学的思想启示和理论实践的坚实依据。在这种教育交流中，民主并不仅指教育者和学习者的平等和相互尊重，还包括确保所有学习者有同等获得有限学习资源的权利。在主体教育的交流过程中，自由的概念涵盖了权利和义务的融合，虽然每个人都拥有自主权，但也必须为自己的行动负责。需要强调的是，个人的自由不应当建立在剥夺他人自由的基础上，任何自由的前提都是尊重他人自由。

这种民主教育交流为高校法治教育搭建了一个实践和交流的平台，有助于促进对学生公平和民主意识的培养，并提高学生的规则和责任意识。主体教育理论主张发展学生的思辨能力和独立性格，这为进行法律思考、自主分析和科学推理提供了必需的条件。倘若受教育者只会照本宣科、接受他人思想的灌输，即使到了法治社会场景中，他们的思想也很难发生改变，在主动维护自己的权益时就会感到费解，更谈不上追求和推动民主精神、促进法治建设。

主体教育所推崇的“独立自主的个性”和“开放自由的思想”，并不意味着支持背离道德规范和意识形态的制约，或者不关心政治、肆意妄为，它所培养的人格并非自我偏执的人格，而是思想进步、道德感强，有自身独特的价值观，以维护人性尊严为己任的高尚品格。要想实现现代民主法治的精神，就必须全面提高人们的主体意识和培养人们正确的价值观。所谓良法之治，本质上就是维护每个人的正当权利与责任的规则之治。它意味着最大限度地理解和尊重主体的自由性，并且在确保社会秩序良好的前提下，让个人的自由与之融洽地共存。本着这样的思想去处理矛盾、解决问题，有利于营造兼容并包、积极自信的社会环境，进而推动“和而不同”“各得其所”“人人平等”“公正和谐”社会的建设。

需要指出的是，主体教育理论在研究教育的基本特征、作用以及教育与人之间的关系时，不断促进教育理念的革新，进而也影响着激发和培养学习者自我主体性意识的历程。这种主体性品格的觉醒和养成非常关键，必将为法治社会中公民自发养成主体性提供有利的条件。

假如，现代的法治社会不是由拥有主体性的公民组成的自主公民社会，那么借由自己的意志为社会提供良好反馈和联合保护的现象将不复存在，公权力的法治均衡配置引发的权力矛盾很有可能产生反对力量，在这些力量的作用下，社会和法治都有可能受到践踏。同样，如果缺少了主体性公民对现代法治共识与制度形成过程的参与，法治将会失去其存在的基础和目的……公民主体性是法律、权力制度的灵魂与核心，也是促进传统的社会的人治均衡向法治均衡转变的重要推动力量。主体教育理论在教育主导思想方面符合现代法治教育的内在要求，并且为高校法治教育提供了一条从工具性思维向价值导向转变的新途径。借由先进的教育方式和方法，主体教育理论培养了大学生的主体自觉意识，为其进入社会后树立良好的法治观念提供了条件，也为大学生适应法治社会治理方式奠定了良好的个体思想基础。归根结底，人和法之间的关系可以被描述为一种主客关系，即人是主体，法是客体。人除了是实践法律的主体外，还是法律价值的主体。作为法的实践主体和价值主体，人具备自我决策、自我认知、自我塑造和自律的能力，具有一定的主导性和积极性。

大学生主体意识的培养是主体教育理论的重要内容，该理论为高校法治教育提供了教育方法和理论支持。

第二节 高校法治教育的有效教学理论

在高校教育体系中，法治教学的意义重大，然而目前我国高校法治教育存在一定问题。作为国家法治教育和法治建设的重要基础环节，高校法治教育必须建立在有效教学的基础上，否则就无法起到应有的效果，因此研究有效教学理论对高校法治教育而言有很大的意义。

17 世纪上半叶，夸美纽斯所写的《大教学论》为有效教学奠定了基础。这本书主张采用一种简单、实用且可靠的方法，将所有事物都交给所有人类的艺术技能来处理。这种理念认为，通过这样的方式，教师的教学工作可以减少，但学生可以获得更多的学习机会，从而提高了教学效率。“少教多学”思想和教学效率观已被国内外教育界普遍接受，成为有效教学的重要理论和实践基础。西方的有效教学理念最初的动力来自解决现实教学中的低效问题。随着时间的推移和教育议题的改变，新的教学观念也应运而生。在西方，教育界在有效教学领域硕果累累，包括基于夸美纽斯感觉论的有效教学、基于布鲁纳结构主义心理学的有效教学、基于赫尔巴特心理学的有效教学、杜威以儿童为中心的有效教学、基于布鲁姆掌握学习理论的有效教学，以及基于美国认知教育心理学家戴维·保罗·奥苏贝尔（David Pawl Ausubel）讲授教学的有效教学。随着苏霍姆林斯基的实践有效教学理论逐渐完善和发展，有效教学的研究范围日益扩大和深化，相关学者也依从学科教学—儿童中心—学科知识结构—“所有的人”—认知结构—“人的培养”这一链条逐渐进行深入探索。有效教学思想可以分为以下两种：第一种是把重点放在提高教学效率上的有效教学思想。夸美纽斯、瓦根舍因、凯诺夫、赫尔巴特、布鲁姆等人是此类思想的典型代表，他们认为知识教育对于学生的能力和情感发展具有自然而然的促进作用，因此强调知识的教学必须得到重视。第二种有效教学思想的主要特点是致力于发掘和培养学生的个性特质，赞科夫、杜威、罗杰斯和多尔等代表性人物都倡导这种思想。他们坚持主张“真正有效的教学至少要促进学生的个性发展，实现知识教学、情感教育、人格教育等方面的并重”[①]。

我国的教学理论得益于西方有效教学思想的启发，并在此基础上不断发展和完善。其旨在探索中国教育实践面临的难题，并针对国内教育改革的现实情况，不断将有效教学理念与中国特色紧密结合。这一理论的出现是为了解决当前基础教育课程体系滞后的问题。2001 年，在《为了中华民族的复兴 为了每位学生的发展〈基础教育课程改革纲要（试行）〉解读》中，钟启泉、崔允漷、张华提出了涵盖课程内容、实施方式、教学资源、教学过程以及教学手段等多个方面的有效教学解读和有效教学要求，这为基于新的指导方针的基础教育课程改革提供了可能性。从那以后，我国学术界对有效教学理论的研究欣欣向荣，深入研究了有效教学的多个方面，其中包括从教师、课程和学生的角度，分别关注课堂教学活动、新课程改革以及鼓励学生进行自主学习等领域的大量研究工作[②]。我国在日常实践中大力倡导有效教学改革的活动也不断涌现，开创的有效教学实践方式包括

① 李森，张家军，王天平．有效教学新论 [M]. 广州：广东教育出版社，2010.

② 陈晓端，孙渊，何同舟．我国有效教学研究的历史回顾与未来展望：基于 30 年（1986—2016）研究的知识图谱分析 [J]. 课程·教材·教法，2017，37（7）：24-30.

目标导向教学、学生主体教学、情感教育、生命教育、基础和综合素质教育以及新型课程教学等。在教育领域，中国进行了多个阶段的改革尝试。首先，改革着眼于效率，进行了局部或零散的教育改革；其次，进行了科学化的教学实验研究；再次，出现了新一轮基础教育课程改革；最后，在学校转型的整体策略下，我国推进了以学生为中心，注重学生学习与发展的有效教学改革。可以发现，有效教学是一个不断改进和发展的动态概念，随着时代的变化和教育目标的变化，其理论也不断演进。由此可以看出，对有效教学理论概念的研究也需要紧跟演变进程，逐步由静态的概念界定迈向动态的实践观念。

一、有效教学的内涵

尽管教学理论不断更新，但几乎所有致力于研究有效教学的学者都认同一个体现有效教学特征的观点，即判断一堂课是否产生了教学效益，唯一基准在于教师能否在规定时间内帮助学生实现明显的进步和发展。长期以来，中国教育领域的学者一直依照“有效”和“教学”两个角度，在实践中探究有效教学的概念。对于有效教学的含义，大概有三种代表观点可以解释。

第一，从效果、效率和效益出发，探究有效教学的含义。例如，根据学者余文森的看法：“有效教学是一种提倡效果、效益、效率三者并重的教学观，有效果、有效益、有效率是有效教学的三个维度。有效果指的是学有所得、所获；有效益指的是学的东西是有价值的、有用的；有效率指的是学的过程和方法是科学的、简洁的、省时的。”① “有效教学的有效果、有效用、有效率，就像长方体的长、宽、高一样，三者缺一不可，缺少任何一个维度都不能构成完整意义的有效教学。”② 建立在这一理论的基础上，有学者认为：“没有效果、没有效益的有效教学，效率再高也毫无意义；缺乏效率的有效教学，即使有效果且有预期的结果，也是事倍功半的教学，不能称为有效教学。”③ 另外，在袭用了经济学概念后，学者程红、张天宝也从效果、效率和效益的方面对有效教学进行了概念的明确和释义④。

第二，从教育学的角度出发，对有效教学的含义进行探索。例如，有学者认为，有效教学是一种用高效率实现教育活动的目标，以满足社会和个人的教育价

① 余文森．有效教学 [M]. 北京：高等教育出版社，2013.

② 余文森．有效教学三大内涵及其意义 [J]. 中国教育学刊，2012 (5)：42—46.

③ 姚利民．有效教学涵义初探 [J]. 现代大学教育，2004 (5)：10—13.

④ 程红，张天宝．论教学的有效性及其提高策略 [J]. 中国教育学刊，1998 (5)：37—40.

值需求的教学活动。有效地开展教学活动需要受教育者和教育者在教学中遵循相关的客观规律，从而在保证效率、效益的基础上，使受教育者在技能与知识、情感态度与价值观、过程与方法的三维目标中获得和谐、整合、可持续的进步和发展[①]。也有学者认为，有效教学之所以能够实现预期的教学效果、效率和效益，离不开教育者在进行教学时对教学规律的遵循[②]。

第三，将受教育者是否获得了成长作为有效教学的判定标准。根据我国学者钟启泉提出的观点："有效教学主要是指'有助于学生成长的教学'，就是说，'学生成长'成为公认的衡量教学成效的标准。"[③]同时，其他学者认为："有效教学虽然谈论教学的效率，但它更关注教学中人的生存状况，尤其是教师和学生的生存状况。追求有效教学的过程，就是一个教师和学生因此而变得更加自主、自信的过程。""凡是能够有效促进学生发展，有效地实现预期的教学结果的教学活动，都可称之为'有效教学'。"[④]

另外，还有学者在对有效教学的深层结构进行了思考研究后，提出有效教学是一种过程性教学活动，并将其根据表现划分为表层教学、中层教学和深层教学[⑤]。表层教学可以从以下几个方面看出：在教学氛围中，教师教学的态度和学生学习的积极性如何；在教学过程中，严谨性和严肃性能否得到体现；师生之间的配合如何，最终的教学效果又如何等。中层教学则是在教学过程中总结出一种教学思维，并依照其内部的逻辑性有效地进行表层教学的教学活动。中层教学通过科学地把控教学情感，提高教学效率，达成有效教学的目的。深层教学则表现为一种理想化的教学境界或者说教学的理想化状态。在对有效教学的内部结构进行研究后不难发现，有效教学的过程是一种从外在深入内里的转化活动，即教育者首先将教育理想转化为教学思维，再将教学思维转化为教学状态。

根据以上我国学者对有效教学概念的诠释不难发现，国内研究有效教学领域的学者相对于国外学者更加关注对教学效果的探索，与此同时，他们还将教学的效果、效益和效率有机整合，最终形成了广泛的客观全面的有效教学理论

---

① 刘桂秋．有效教学概念新探：综合有效教学观之下的有效教学[J]．课程·教材·教法，2008（9）：11—15．

② 陈佑清．有效教学[M]．北京：高等教育出版社，2016．

③ 钟启泉．"有效教学"研究的价值[J]．教育研究，2007（6）：31—35．

④ 高慎英．"有效教学"的理想[J]．课程·教材·教法，2005（8）：22—25．

⑤ 龙宝新，陈晓端．有效教学的概念重构和理论思考[J]．湖南师范大学教育科学学报，2005（4）：39—43．

体系。由此，有效教学推动了传统学习观和教学观的进步，逐步向着“有效”迈进。

二、高校法治教育有效教学的教学观

不管是从教学思维的角度还是教学理念的角度，抑或是从教学理想的角度定义有效教学，有效教学理论都一直建立在其教学观上。作为有效教学的重要组成部分和特征表现，有效教学的教学观使有效教学和其他教学形态教学区别开来。有效教学的特征主要分为以下三点。

（一）有针对性是有效教学的突出特点

如果想要切实保证法治教育的效率，使其有效益、有影响，那么有的放矢地进行教学活动便是必不可少的。为了使高校法治教育教学有针对性，为开展针对性教学做好保障，首先需要对受教育者的群体特征有所了解，其次要对课本教材中的内容进行合理的规划，最后需要采用适当的教学策略。

1．充分认识学生的特点

有的放矢地进行有效教学活动需要根据学生的情况来调整教学方法，以适应学生的学习需求，促进其更好地参与学习。因此，在进行法治教育时，我们需要先了解学生已掌握的知识和技能水平，并考虑他们所处的成长阶段、思维模式、情感需求和表达自我方式，进而为确保法治教育教学质量打好基础。在教学过程中，如果没有事先了解学生的知识储备和能力水平，就有可能出现忽略学生向往的课程内容、对学生已经掌握的知识重复讲解或者继续讲授让学生难以理解的内容的情况。正像奥苏贝尔所说的：“假如让我把全部教育心理学仅仅归纳为一条原理的话，那么，我将一言以蔽之：影响学习的唯一重要的因素就是学生已经知道了什么，要探明这一点，并应据此进行教学。”① 在教学过程中，如果忽略了学生的认知状态和发展特点，就可能导致师生理解上的误差或使学生难以理解所传授的知识和技能。若教师缺乏对学生的情感需求和表达方式的理解，那么学生很难与教学产生共鸣，也难以激发他们进行换位思考。这种情况不可避免地会导致学生有意或无意地疏远教学场景，导致教师的讲解成为一种单向灌输。此外，如果教师事先了解学生的学习动机、学习困难、个人意识成长和人际交往能力等方面的细节信息，就可以有效地提高高校法治教育的效果。

① 卢家楣，魏庆安，李其维．心理学：基础理论及其教育应用[M]．上海：上海人民出版社，2004.

2. 科学组织教学内容

科学组织教学内容不仅是衡量教师素质的重要因素，而且是判断教学是否有效的重要标准。教师的专业意识、专业精神、专业知识、专业理论、专业能力、专业智慧、专业理想等诸多素质都必将通过教学内容的科学组织而体现出来。教师教学水平的重要评估标准在于所组织的科学教学内容，同时，评估教学效果的重要因素之一也是教学内容的有效性。教学过程中，教师在能力、精神、理论、理想等方面的专业素质会自然而然地体现在科学组织教学内容的过程中。在高校法治教育中，教师可以根据自己的认知结构，在阅读教材时重新组织、筛选和加工内容，以适应学生的个体认知特点，进而将教材转化为实施教学的材料和学生进行学习的内容。换一种说法，在有效教学中，教师需要从法治教育教材中提取和整合内容，以使其与学生的现实情境相适应。在经过从“教材内容”到“教学内容”再到“学习内容”的活化前提后，教师通过确定教学目标并以此为核心进行整体设计，然后进一步激发学生的学习兴趣，形成课堂教学的“观念结构”。此框架涉及教学目标的设定、课程内容的选择、教学方法和手段的选取、教学组织形式的设计和评价标准的制定等。最终，教师实施整个教学计划，构建出教学过程的“实践结构”。进行有效教学必须重视教学内容的科学组织，因为它将前、中、后的教学环节有机地联系了起来，在确保教学有效性的过程中扮演着至关重要的角色。

3. 恰当选择教学策略

在开展高校法治教育时，选用合适的教学策略可以有效提高教学效果，让教学事半功倍。教师可以采用合适的教学策略来平衡教学与学习的关系，进而增强教学效果。合适的教学策略需要根据教学内容和目标来设计和选择。有效教学策略主要体现在两个方面，分别是课堂教学准备策略和课堂教学实施策略。针对高校法治教育，其教学准备策略可分为教学备课策略和环境优化策略。其中，环境优化策略是指环境和教学活动是否贴合，环境包括教学设施的质量、学校和班级的风气、教室的环境以及师生之间的关系。环境优化策略的实施可以有效改善教学环境，进而提高教学效果。教学准备策略的准备内容主要以三个问题为中心——教什么、为什么教和怎么教，这些问题具体涉及教学目标、了解学生、教学内容、适当采用课堂辅助工具以及引入课堂问题的设定等方面。做好准备才能万事皆顺，高校法治教育的顺利实施，离不开课堂准备策略做出的准备和强有力的支持。除了课堂准备策略外，在实施课堂教学时，也需要采用多种策略保证教学的有效性。管理课堂秩序、讲课、引导学生讨论和布置作业等策略，均属于课堂教学实施策略的一环。课堂教学实施策略是指为了有的放矢地开展教学活动，提高其导向性和效果，根据课堂教学的要求而制定的教学策略。教学策略并没有好与坏之分，然而，在课堂教学中，选择适宜的策略切实关系到有效教学的成败。总的来说，我们需要认真对待教学策略的选择和实施，应充分考虑目标、内容、学生和情境等因素，以确保其针对性和有效性。因此，在构建和实施有效教学策略的过程中，应当确保这些策略能够切实地达到预期目标和满足具体的学习需求。

（二）有效教学是重视“教”与“学”双向行为的教学

随着教学行为论研究的不断发展，有效教学以教学行为论为出发点，开始逐步放弃过去仅对教师教学行为进行单一独立的研究方式，而是积极研究教学行为和学习行为以及师生互动行为之间的整体关系。随着时代的发展，有效教学理论的研究和实践不断深入，越来越多的研究表明学生的学习行为是衡量教学成果是否良好的关键因素。有效的教学行为应以学生的学习行为为核心，学生的学习行为正是在教师教学行为的基础上影响学习效率和效果的。在有效教学研究中，相互关联、相互依存的“教”和“学”的互动关系一直是研究的重点。

1. 教导行为：影响有效教学的间接控制变量

与传统的教学理念不一样，有效教学强调教师与学生之间的有效沟通和互动，教师通过把课程作为工具来达成期望的教学效果。有效教学理论认为，促进受教育者发展和学习并非影响教学效果的关键，重要的是教师在教学过程中，以引导者、协同者、激励者的角色，帮助学生理解为什么需要学习以及如何更有效地学习，以此鼓励学生更积极地参与和创新学习。尽管教师的教导行为不会直接决定教学效果，但这并不意味着在高校法治教育中，教师的教导行为不具有相当的重要性。我们可以从教师角色的转变及教学方式的革新中发现，有效教学的重点已经发生了改变。这也就意味着，有效教学不仅关注教师在教育中采取了哪些行动，而且注重这些行动是否真正达到了影响学习效果的要求。正因为教学思想和实践的变化，有效教学的本质才变得更加清晰明确。明确地说，在高校法治教育中，教育者的教导并非受教育者是否进行学习活动的决定因素，而是切实关系到受教育者的能动性、学习的有效性的先决条件。教导的价值在于激发受教育者学习的能动性，进而保证其学习的有效性，这也体现出教导在教学过程中的功能。因此，教导行为并非有效教学的目标，而是其贯彻始终的重要组成部分。

2. 学习行为：影响有效教学的直接因素

有效教学在教导行为和学习行为中，选择了后者作为其拓展实施的重要目标和载体。它鼓励学习者积极主动、成为学习的主体并发挥创造力。有效教学强调受教育者的学习行为，将知识从抽象的“物”转化为更具个体性的“人”，由“公共性”向“个体性”转化。

要想在探究学习、体验学习、自主学习和合作学习等多种学习方式中成功实施有效教学，就必须改变那些基于机械性、被动性、单向接受和低效性的传统学习方式。我国传统的教学理念在历史原因的作用下深受苏联教育学和教学理论的影响，因而在教学过程中表现出了“注重教学而轻视学习”的倾向。在这种教学中，通常通过教师是否传授了知识、传授的质量以及时长等因素来评价教学效果。与之区分开来的是，有效教学强调学生的学习行为是直接影响教学效果的因素，它建立在行为主义、建构主义、认知主义和人本主义等多种学习理论的基础上。通过实施有效教学，教学过程不再过度依赖教师，而致力于培养学生积极学习的态度和行为，这种教学方法明确了学生在教学过程中的决定作用，采用以学为本、先学后教、以学定教的原则。这样的教学原则体现了有效教学对学习行为的价值认知。

尽管西方有效教学将教学和学习视为两个独立的领域进行研究，但在实际教育实践中，“教”与“学”无论如何都存在一定程度的互动关系。因此，有效教学的明显特征之一便是在教学活动中对过程和成果进行追踪和分析。有效教学不仅是设计对象、明确目标和保证过程的科学，也包括在教学过程中对“教”与“学”进行的追踪和分析。追踪的实际目标是获取和分析课堂教学中的教学和学习行为信息，以便教师根据这些信息实时调整教学过程，从而提升教学质量。

（三）有效教学是强调实现预期教学目标的教学

从有效教学的理论特征、价值取向和评价标准来看，评估教学效果及效率是区分有效教学、无效教学或低效教学的关键要素之一。只有当一种教学行为在达成预期的教学目标方面具有显著效果且效率较高时，才能被认为是有效的、优秀的。相反，教学行为则是无益的且不良的。教学的成效在很大程度上与教师对教育目标的理解和掌握水平息息相关，尤其是他们对所教授的课程目标和标准的掌握程度。如果一个教师没有清晰明确的教学目标、课程目标和教育目标，就在教学中任意发挥，偏离课堂地进行讲授，那么这样的教学很难被认为是有效的。在一致同意上述评价的基础上，有学者总结了五种表现形式来描述无效和低效的教学：一是教学目标三维割裂；二是教学内容空洞宽泛；三是教学活动的外化；四是教学层次单薄；五是预期教学和实施教学存在巨大差异与矛盾[①]。可以了解到，在实际教学中，无效和低效的教学表现可以被归结为离开教学目标，即在教学活动中没有明确的主题、中心、边界和重点。评估教学效果的关键在于教学目标是否被达成，既然如此，如何理解教育目标在教学活动中就承担着重大的作用。在美国管理学家弗雷德里克·温斯洛·泰勒（Frederick Winslow Taylor）看来，理解教学目标是教学效果评估的重要参考，教育目标是教学的核心和前提，在设计教学计划并持续改进的过程中，需要有清晰的目标概念作为指引。这些目标包括但不限于挑选教材、确定课程内容、设计教学计划、制定测评标准和考核准则。需要注意的是，教学计划的任一部分都是为了达成教育效果所用的手段。因此，若我们想系统、理性地研究某项教学计划，就需要先明确我们想要达成的各种教育目标。根据泰勒对教育目标的理解，教育的目标是复杂的，拥有多样的层次，是立体的、综合的，而并非单薄的，其中，教育目标、教育目的以及课程与教学目标都是构成教育目标的重要因素。在我国，对教育目标的理解和表述也并不是固定的，而是体现在教育宗旨、培养目标、课程目标和教学目标等方面，呈现出多样化的形式。无论怎样精细地分解教育目标，有效的教学目标都是准确定位的、想要达成所期望的教学结果和课时结果。这意味着教师需要将教学目标调整到与学生的发展水平最为接近的水平，以确保学生在学习完该课程后，在各个方面，如知识、能力、道德、情感和学习方法等方面都得到了全面提高和进步。

笔者在高校法治教育实践中发现，深入理解和掌握教育和课程标准的教师，能够对教学效果起到积极的促进作用。当然，也不能绝对地认为只要满足教学目标的教学就是有效的教学，因为过于被动和机械的教学方法也能够实现一定的教学目标。尽管如此，我们仍需承认，有效教学理论关注并凸显达成预设教学目标在教学过程中的重要性。

三、高校法治教育有效教学的学习观

在所有教学活动中，“教”和“学”都是必须面对的一个问题的两个方面。除了重视教学效果之外，有效教学还关注指导学生明确学习目标，并辅导学生掌

① 余文森．有效教学十讲[M]．上海：华东师范大学出版社，2009.

握有效的学习方法和开展有效的学习过程。因此，高校在法治教育方面的有效教学观和学习观能够相互配合、相互促进，以此来协同推动教学效果的提升。在教育中，“教”与“学”这两种活动组合起来构成了复合型的教学活动。然而，在有效教学中，“教”与“学”这两种活动的作用不同，地位也不同。总的来说，有效教学需要教师对学生进行激励、引导和支持，这些“教”的行为对提高学生学习的能动性至关重要。但就地位来说，“教”为教学提供了条件和手段，“学”却是教学活动中的主体性行为和最终目的。有效教学的学习观体现在三个方面：为什么学、如何学和怎么学。以下是高校法治教育有效教学的学习观的几个关键要素。

（一）学习的目的在于发展

有效教学的目标取向是以学生的发展为中心，而不是以知识为中心，这与其他教学不同。以学生的发展为中心的目标要求高校法治教育以促进学生身心素质的发展为最终目标和核心目标。相较于过往的学习方式，有效学习在学习目标方面发生了明显的改变，即从之前的注重知识储备转向了如今的注重学生发展。发展是指个体在其一生中的逐渐变化、自我适应和提升，涵盖了身体的发育、性格的塑造、社会情感的培养、认知能力的拓展以及语言运用技能的提高等多个方面。我们需要以整体的人生为视角来观察发展：个体的发展是指人们随着时间的推移而不断变化的身体、心理和整体特征。实际上，这个过程将人们多种潜在可能性转变成他们真实的个性。一般而言，教育学专注于促进学生积极、有益地发展。根据一些学者的观点，可以将发展理解为身心素质逐渐形成和完善的过程，发展即身心素质从低水平到高水平的变化过程。根据以发展为本的学习观，笔者对学习的概论大致为，教学目标不应局限于储备教材中的知识，虽然掌握基础知识也是教学目的之一，但它并非最终、根本或唯一的目标。受教育者可以通过阅读书本来获取对身心素质发展至关重要的资源、工具或手段。但是，书本知识学习只是满足学生全面发展的必备手段之一。

有效教学重视学生在进行认知、情感和意志等活动时的心理状态，借以协助他们更深刻地理解外界、掌握其规律，并在世界的怀抱中形成自我意识，正视自我与环境的关系。学习者在参与有效教学时，可以积极地投入理解知识、认知社会、反思文化等活动，这些活动有助于他们内在精神的成长和发展，也有助于他们达成既定的学习目标。换句话说，当学习者作为主体进行有效学习时，能够更好地关注自我意识，在这个过程中实现对自我的了解、确证以及超越。这使得学习者能够拥有更富有灵性的精神世界、更有活力和动力的生命、更高水平的主体素养和创造力以及更深层次的人生领悟。以发展为本的学习，不仅可以通过多种多样的方式帮助学习者获取丰富的知识，还可以使学习者在获取知识的过程中提高解决问题的能力。有效教学的重要意义就在于此种成长、发展为学习者掌握自主学习和工作的能力，甚至为未来的研究提供了保障。

（二）学习的方式在于参与

高校法治教育强调的常见学习方式，如自主学习、合作学习和探究学习等，都以学生积极参与为核心特征，使学生成为学习的主体。不同的学习方式会反映在学习者的参与表现上。举例来说，当学生进行自主学习时，在计划学习、控制自我、进行反思的过程中的参与主动性就体现在有明确的学习目标，主动审视自我、了解自我、控制自我和表现自我上。在之后的学习过程中，学生就能够利用过往的经历和参与过程中培养出来的自主学习素养，保证学习过程的有效性。

相较于个人学习，合作学习是一种基于小组的学习方式，旨在通过小组成员之间的互相协作和任务分工来共同完成学习任务。小组成员在学习开始时就需要相互配合、分配任务，并且合作学习会将小组整体成绩作为评价每个成员的学习效果的依据。在合作学习中，教师需要唤起小组成员的活跃性、自觉性和责任感，同时促使每位学生都能积极地融入学习。探究学习也称为发现式学习或研究性学习，它是一种旨在鼓励学生在学习过程中主动探索、独立思考和解决问题，以展现个人主体性和才华的学习方式。这种学习方式不仅关注教学效果，更强调学生知识形成的过程。探究学习鼓励学生发挥主体作用，主动参与到教学过程中，它通过让学生进行自我探究并积极寻找解决问题的方法，最终实现成功解决问题的目标。有效教学理论中开展的参与学习是我国教学改革的里程碑，是有效教学理论的模范教学从设定的教学模式向自主生成教学模式的转变。根据一些学者的观点，学生主动参与教学的流程为“创设情境—初步参与，引导自学—独立参与，组织交往—合作参与，精讲解疑—深入参与”[①]。与重视“教”，并以其为基础，忽视“学”的主体地位的传统教学不同，有效教学以“学”为主体，注重学习过程中的师生互动、交际，学生的主动性和参与性。在这样的学习模式下，学生可以

① 王升．全国主体教育实验第四届年会综述[J]．教育研究，2000（2）：79—80.

在参与中提高对问题的敏感度和解决问题的能力，加深对世界的认识，培养个人素质，进而在学习中收获成长，找到人生之路。

（三）学习的过程在于建构

有效教学与传统教学的学习目标和方式迥异。有效教学更加注重学生在学习中的积极参与和思考，实现对知识的主动架构而不是过度强调知识的被动接受和掌握。传统法治课程通常要求学生被动接受知识和记忆知识，这种“教”和“学”的模式不仅会削弱学生对法治知识的兴趣和热情，还无法有效促进他们的成长和发展，反而成为学习的负担和限制。而有效教学则极大程度地避免了这种现象的出现。有效教学中的自主学习、合作学习和探究学习都是有益的方法，它们的主要目标是在教师不规定结论的前提下，帮助学生利用已掌握的知识，在学习法治知识的过程中通过自主探索、创新和思考以及与他人合作，获得新的知识和解决问题的途径。在这一过程时，学生可以增加对世界的认知和体验，建立自己的知识结构，丰富个人视野。有效教学尊重学生之间的个体差异。每个学生在生理、心理和社交方面都存在差异，可能对同样的法律知识拥有不同的理解。由于个体差异性的存在，教师在开展高校法治教育的有效教学时，需要树立正确的认识，即知识并非在任何情境下都能适用的“万金油”，而是不断更新进化的，需要在不同的场景下重新考虑更新知识框架。学生学习的过程是不断地将新旧知识进行融合的过程，是“同化、顺应、平衡”的过程。他们需要充分发挥主动性，不断增添、润色以往的学习经验，以达到对知识的双向建构。

有效教学理论对有效教学内涵的诠释，为研究高校法治教育效果提供了理论基础。与此同时，有效教学理论就“教”与“学”两种活动对教学的作用和价值的研究以及对教学目标的探讨，为本书研究高校法治教育的影响因素、制作高校法治教育实效性问卷划分实测维度、分析高校法治教育的现状提供了理论上的有力支持。

第三节　高校法治教育的马克思相关教育理论

恩格斯将马克思就人与环境和教育的关系理论誉为“包含着新世界观的天才萌芽的第一个文件”①——《关于费尔巴哈的提纲》，这篇文章是在马克思批判旧唯物主义中的环境与教育决定论，确立实践唯物主义的前提下写就的。在以实践观为理论的基础上，实践唯物论就人、教育、环境的关系展开了探讨。这代表着马克思主义新教育观的形成，也为后来所有的社会教育实践提供了理论保障和出发点。

一、马克思的人与环境及教育关系理论的内涵

在《关于费尔巴哈的提纲》中，马克思首先对实践的理论进行了阐述，他明确了实践的概念，指出人类有目标的对象性活动被称为实践。这一理论的树立标志着旧唯物主义与新唯物主义区分理论的形成。根据马克思的观点，“从前的一切唯物主义（包括费尔巴哈的唯物主义）的主要缺点是对对象、现实、感性，只是从客体的或者直观的形式去理解，而不是把它们当作感性的人的活动，当作实践去理解，不是从主体方面去理解”②。而后，马克思在这一理论的支持下，用科学的实践观的方法论指出了 18 世纪法国唯物主义关于环境与教育决定人的观点以及由此萌发的英雄史观的理论的单薄，从而将人、教育、环境三者新型的辩证关系展现在世人面前。

（一）人与环境

马克思认为，旧唯物主义漠视了人对环境进行改造的能力，只看到了环境对人的影响作用。他认为，人与环境的关系是一种辩证的关系，即环境确实可以对人进行塑造，反过来，人也可以运用自身的力量改变环境。当然，这种辩证观点并不能适用于所有的情景中。马克思认为，“环境的改变和人的活动的一致，只能被看作并合理地理解为变革的实践”③。在这一观点中，人与环境在进行互动时，

① 马克思，恩格斯．马克思恩格斯选集　第 4 卷 [M]. 中共中央马克思恩格斯列宁斯大林著作编译局，译．北京：人民出版社，1972.

② 马克思，恩格斯．马克思恩格斯选集　第 1 卷 [M]. 中共中央马克思恩格斯列宁斯大林著作编译局，译．北京：人民出版社，1972.

③ 马克思，恩格斯．马克思恩格斯选集　第 1 卷 [M]. 中共中央马克思恩格斯列宁斯大林著作编译局，译．北京；人民出版社，1972.

必须经过变革的实践。换句话说，只有在人进行了实践活动的前提下，人与环境才能做到辩证统一。只有有能动性的人进行了实践活动，才能充分发挥自身的主体作用，实现对周围环境，也就是客体的改变。在这一过程中，主体的感性特征也会使他反过来接受来自客体，也就是环境的影响作用，进而接受教育活动，从而实现自身的进步和发展。马克思认为，这一观点尤其适用于长期处于一定社会环境中的人，即“既然人天生就是社会的，那他就只能在社会中发展自己真正的天性”[①]。根据以上观点，从某种角度上讲，人进行实践活动的平台是环境，因此环境为人的实践活动提供了有力的保障。与此同时，身处固定环境中的人的发展并非自由的，人会受到环境的约束和禁锢，故而环境创造了人。从另外的角度来看，人是实践的主体，一大特征就是其拥有社会属性。人进行实践活动产生的结果，不仅完成了自我的创造，而且创造了人类社会。根据实践唯物主义，人在实践活动中创造了工具，并不断对其进行发展，而工具代表了生产力。在这一逻辑下，可以得出一个结论，即人的实践活动是生产力的决定因素，人的实践活动可以决定社会的发展和生产关系的进步。因此，从这一角度上讲，是人类创造了环境。总的来说，人与环境的辩证统一关系建立在开展实践活动的前提下，实践活动促进了两者的共同发展，为其进步提供了基本路径。

（二）人与教育

人并非独立于自然，而是在其中生活的高级动物。人具有生物性和社会性，这两种性质一起构成了人存在的基本属性。相对于人的生物性，人的社会性更加根本地阐述了人的性质。根据马克思的观点，“人的本质不是单个人所固有的抽象物，在其现实性上，它是一切社会关系的总和”[②]。从拥有主动性的个人角度出发，人的本质属性并非完全是先天形成的，即人的本质属性受到后天的影响，是在发展中逐渐形成的。换句话说，社会意义上真正的人需要经历社会的作用逐渐养成完整的本质属性，即社会意义上的人需要依次接受来自家庭、学校以及社会的影响，最终回归社会生活，在与其他个体的交际中全面表达身为人的社会属性。

经过以上探讨，我们可以知道人的本质并非生来就有，也并非无法改变，它是会受到社会环境影响的，会在其中得到改造、增强、补完。通过对其进行深入的研究，可知在不同环境下成长的不同个体，也会发展和完善出不同的社会属性。

---

① 马克思，恩格斯．马克思恩格斯文集　第1卷[M]．中共中央马克思恩格斯列宁斯大林著作编译局，译．北京：人民出版社，2009．

② 舒志定．马克思教育思想的当代阐释[M]．北京：学习出版社，2013．

有学者认为，人的“社会性源自人受到社会教育”[①]，因此在对人进行培养和塑造的活动中，教育扮演着非常重要的角色。需要强调的是，旧唯物主义并非没有认识到人和社会的联系，却单一地认为是环境和教育创造了人，能对人造成改变的只有其他的社会环境和不同的教育。这种思想存在明显的误区，即只认可了教育会影响人的发展，却漠视了教育的本质属性是人发挥主观能动性的结果。人在教育目标的选择上、教育内容的制定上和形式手段的运用上，可以有发挥自身主观能动性的权利。对于旧唯物主义的这一错误观点，马克思批评道：“这种学说忘记了环境正是由人来改变的，而教育者本人一定是受教育的。”[②]这就是说，教育的内容虽然是对人进行教育，但实践教育活动的主体也是人。教育者可以对教育的内容、目标和方法进行一定程度上的主导，尽管这种并非独裁的，而是需要了解受教育者，了解他们的习惯、性格、情感等方面，进而有的放矢地对受教育者开展教育活动。与此同时，教育者并非支配的存在，不是教育活动中高高在上、事不关己的天才人物、独裁者，在受教育者接受教育之前，教育者首先要作为劳动人民接受教育。根据这一观点，教育者是受教育的。可见，人与教育的关系包括两个方面：一方面，人的发展离不开教育。教育的对象是人，人只有在接受过教育后才能健全自己的人格，提升自己各方面的素养，才能继承在历史的沉淀下积累的人类智慧产物。另一方面，教育的发展和进步离不开人的学习需求。教育的主体是人，教育的实践活动的根本在于人的需求。因而，人们可以在社会生活中能动地选择接受哪种教育，用哪种手段接受教育，并能主导着对教育进行改进。

（三）教育与环境

马克思认为，人类能够通过主动的实践活动来改变环境，这种变革是合情合理的。按照马克思的理论，实践活动的目的在于变革，而且正是这种变革会成为环境改变的根本动力。作为一种以人为对象的特殊的实践活动，教育直接影响并旨在促进人的成长和发展。因此，以长远的、整体化的视角来看，在人类社会环境的改变中，教育起着至关重要的作用。马克思在《关于费尔巴哈的提纲》中探讨了包括社会环境和自然环境的环境，但重点描述了社会环境。社会环境的核心组成部分包括法律、社会政治制度和上层建筑。教育主要有学校教育、社会教育、思政宣传等。由此可知，教育要发挥对环境的改造作用，主要通过进行政治、道

① 龚超．初探马克思社会环境教育的思想[J]．湖北社会科学，2010（6）：18—21．

② 马克思，恩格斯．马克思恩格斯文集 第1卷[M]．中共中央马克思恩格斯列宁斯大林著作编译局，译．北京：人民出版社，2009．

德、法律等方面的宣传活动。教育会对人进行培养，提高人的法律、政治、道德素质，以实现塑造符合特定政治、法律和道德标准的社会的目标。可见，教育通过改造人进而改造环境，通过对人的素养的提高，构建理想活动。社会教育的宗旨是实现个人的需求，进而构建适应这些需求的社会。社会发展的基础在于世代交替的实现，也就是必须将年轻一代培养成可以担得起未来社会的栋梁。交替的内在性质也可以描述为把社会经验转变为个体经验，将社会需求转化为个人需求。在这个过程中，社会教育被用作传播人类经验、技术和知识的工具。人是社会动物，以人为主体的教育实践也就需要在社会环境中开展。社会环境中生产力的发展是教育的技术保障，生产关系环境为教育提供了运行机制。因此，在以推动社会发展为目的的教育实践中，只有保障生产力的顺利发展，才能塑造适合技术发展、交流的环境，进而为教育提供良好的社会环境。

二、马克思的人与环境及教育关系理论的指导意义

从上述对马克思有关人与环境、人与教育、教育与环境理论的分析和理解中，我们可以明确这些理论对社会教育思想的丰富作用。同时，这些思想能够有效指导中国的法治建设和高校法治教育的实践。从建设我国法治制度的角度来看，法治教育作为一种实践活动，目标是提高社会环境的法治程度，塑造适应人的法治需求的良好社会。开展法治教育活动时，尤其需要积极传播法治文化，使人们共同认知法治的重要性，并自觉地遵守法律规定，逐渐具备法治意识。当然，普遍的法治思想的形成是建立在每个人对其支持意识的培养和塑造上的。因此，只有个体认真对待法治，才能在整个社会范围内形成共识。另外，从法治教育实践的角度来看，目前的教育活动应当重点关注社会环境的改造和优化。

实践是验证人类固有本质的一种感性活动，换言之，实践只能通过人类自身进行，因为人类是实践的主体。根据实践的发生情况分析，人们的实践活动都必须在特定的环境条件下进行。良好的实践环境为实践活动的实施提供了场所和条件，因此它对于实践活动的顺利开展和预期效果的实现具有积极的促进作用。作为一项旨在提高人们法治素养和建设法治社会的实践活动，法治教育应当充分关注当前的社会现实，并努力改善相关教育环境。首先，从考量当前社会法治环境的角度出发，现代的法律体系已经构建完成，尽管形势稳定，但是人们依然受限于传统的认知思想，这导致社会法治水平有待提高。为此，我们需要加强法律教育以提高人们对法治的认识。其次，随着数字技术、网络技术和信息技术的不断

发展，当今社会已经进入了新媒体时代。在这样的背景下，新媒体的发展给经济、文化、政治、教育等各个领域都带来了深刻的影响。新媒体的特点包括虚拟性质、互动性强和个性化强等，这些特点使其成为当今社会最为重要的信息传播和社交工具。同时，它也使得我国法治制度发现了在精神文化方面的不足，这也要求法治教育必须追求新一轮的创新发展，加强其对新媒体时代的适应能力，并改变形式，以在新时代更好地达到法治教育的期望。

第四章　高校法治教育与法治意识培养的现状分析

本章主要内容为高校法治教育与法治意识培养的现状分析，分别从高校法治教育与法治意识培养现状、高校法治教育与法治意识培养影响因素、中美高校法治教育与法治意识培养研究三个方面进行了叙述。

第一节　高校法治教育与法治意识培养现状

推动中国特色社会主义法治进程时，高校法治教育与法治意识的培养在其中起着非常重要的作用。随着成果的积累和改革创新的发展，高校法治教育与法治意识培养已经稳步发展，取得了喜人的成果，尤其体现在以下几个方面。

一、高校法治教育与法治意识培养得到重视

国家方面，长期以来，政府一直致力于提升高校的法治教育水平和法治意识，对这方面的关注力度逐渐加大。从 1985 年起，全国人民代表大会常务委员会重视法治意识的普及，依次讨论并颁布了八个普法决定。我国一直重视高校法治教育与法治意识的培养，并将其划入普法教育工作，同时顺应时代潮流，为其制定了科学的发展路线。2021 年，中共中央、国务院转发了《中央宣传部、司法部关于开展法治宣传教育的第八个五年规划（2021—2025 年）》（以下简称《计划》）。根据《计划》的宗旨，我们要充分发挥教育系统的人才优势和学校教育的主渠道作用，深入进行富有多样性和有效性的法治教学活动，全面推动促进公民意识和法律素质的宣传及实践活动，实打实地培养、强化教育系统中的公务员、管理阶层、教师和大学生的法律素质，打造符合社会合格公民要求的教育框架，同时提升教育行政部门和学校依法治理的水平和能力，最终推动社会主义法治文化的全面建设。在法治教育实践的过程中，我们要树立大局意识，必须持续关注核心任务；坚持分类指导原则，目标明确，根据不同群体的相应特征，有的放矢地推进

教育工作的开展；注重强化青少年学生的法治教育，以确保培养出具备社会主义核心价值观的合格公民；在普法的同时注重与实践结合，完善法治；确保教育效果，将人作为实践的主体；坚持适应时代，在稳步发展的同时增强创新意识。教育部门应致力于实现法治宣传的规范，积极开展依法治教模范活动，进一步完善法治教育的工作机制和保障措施，为大学生提供更加有效的法治教育支持。

学校方面，各高校在秉承国家政策方针的同时，树立健全的目标，积极强化大学生法治教育，并加大对大学生法治意识的培养力度，对教育体系和管理机制进行了完善；各高校不仅重视对法学专业学生的法治意识培养，对于非法学专业的学生也为他们学习法律知识提出了专门的教学要求；高校将视线聚焦在基础法律的教学上，推进教学改革，提高教学效果和课程质量，坚持以社会主义法治观念为主要的教学内容，进而提高学生的法律素质。与此同时，高校扩大了对大学生综合素质考查的范围，将社会主义法治的相关知识融入其中，通过对入学考试内容进行合适的调整，让《宪法》知识、基本法律原则和常识成为其中的一部分，以此来提高学生的法治意识和社会主义法律素养。

二、高校法治教育与法治意识培养取得一定成效

经过各方面、长时间的努力，我国的高校法治教育正稳步发展、逐渐走上正轨，在过往获得的丰富经验的推动下，高校法治教育取得了优异的成果。1986 年，国家教育委员会作出了在大学设置法律基础课的先明决定，自那之后，高校学生在法律方面的基本素养得到了巨大的提高，鲜明表现在以下三个方面。

（一）学法意识稳步提升

目前，大部分大学生越来越明白法治教育的重要性，认可法律在日常生活和社会运转中的重大作用。随着法治教育在大学生思政教育过程中的融合和渗透，越来越多的大学生认可了法治教育的开展，他们还渴望在相关教学的开展过程中逐步培养自身的法治思维，在学习中增长法律知识，获得法律技能。

如今大学生已经认识到学法懂法的重要性，大多数大学生认为有必要开设大学生法治教育课程，他们希望在法治教育课堂上提高自身法律素养，增强自身社会适应能力。他们渴望深入掌握法律知识，希望高校为他们提供法律学习的平台和机会。例如，定期举办法律讲座、师生之间互相交流学习、模拟过往的经典法律事件或者当下社会发生的重大案件等。总的来说，现代的大学生

多数乐于接受法治教育，并对此有着端正的学习态度和积极的学习热情。随着大学生与外界社会的不断接触，以及高校越来越重视大学生的社会实践活动和实践能力培养，大学生的思想素质也获得了提高，越来越体会到学法的重要性，进而使得他们学法的积极性越来越大，对高校法治教学抱有的期待也越来越高。

（二）法律知识水平有所提高

随着法治宣传活动和教育实践的开展和进步，当代大学生越来越重视自身法律观念的提高。相对于过去，当今大学生掌握了更多的法律知识、法律常识，在日常生活中能够做到对基础法律常识的应用。大学生法律知识水平的提高离不开两方面的因素：一是大学生学习法律知识的积极性；二是顺应时代需求，教学课程的合理设置。如今大部分大学生都对生活中经常出现的一些经济纠纷以及相关的法律规定、解决流程等一些基本知识有一定了解，如在商店购买到假冒伪劣产品后可采取的维权手段，与朋友、同学发生物品纠纷时应注意什么等。他们对刑事案件中的一些常用名词也有了一些初步的了解，如曾了解过法律对正当防卫与防卫过当的描述，能够理解二者的区别。这些都是高校法治教育与法治意识培养成果的表现。

（三）用法意识有所提高

随着大学生法律基础知识水平的提高，他们的心智也越来越成熟，大部分大学生已经明白了法律知识在日常生活、学习和工作中的重要性，他们认同法治，并掌握了一定的法律常识，理解法律赋予自身的权利与义务，懂得在面对不公待遇时如何利用法律知识保护自己，这有助于大学生法治意识、维权意识、民主意识、用法意识的相应提升。高校法治教育使大学生树立了法治思维，在自身权益受到侵害或遭受不公平待遇时应主动寻求法律帮助，运用法律武器维护自身的合法权益。学生运用法律的意识和习惯已经渐渐形成。

第二节　高校法治教育与法治意识培养影响因素

一、社会大环境

当今时代是高速发展的时代，随着经济全球化和一体化以及所有制分配格局的变化，社会制度之间的竞争日益激烈，人们的生活方式和社会生活也相较于以前发生了巨大的变化，种种因素互相作用、互相推进，使得中国人民在现代生活中产生了各种各样的观念转变。

（一）经济全球化

经济全球化趋势不可逆转，它对世界经济、政治、文化的影响必将是深刻而巨大的。经济全球化将会带来国内法律制度的变革，也必将引起我国原有法律观念与意识的更新。经济全球化使各国人民之间的往来日益频繁，跨国法律问题日益凸显，要想在日益残酷的国际经济、政治、文化竞争中立于不败之地，就必须具备现代国际公法、国际贸易、国际金融、国际投资、国际知识产权和国际诉讼、仲裁等方面的法律知识，进而形成现代国际法律意识。如果缺乏完备的现代国际法律知识与现代国际法律意识，不论是政府还是市场微观主体，都将在国际政治、经济决策和诸多的国际活动中寸步难行。

经济全球化背景下，树立现代国际法律意识将是当前我国社会现代法律意识内涵重构的新内容与新要求。经济全球化背景下，我国社会现代法律意识的构建与培育对于奠定现代法治社会的观念与心理基础、促进我国的法治化进程都将具有十分重要的理论与现实意义。因此，经济全球化使得现代国际法律意识成为高校法治教育和法治意识培养的重要组成部分。

（二）市场化

经济结构的转型是一种新的经济体制对传统经济体制的否定的过程，在这一过程中，法律意识也会发生变化。经济结构的变革必然导致旧的社会法权关系不再适应新的社会经济结构的要求，而发生相应的结构性调整。推动当代中国法治建设和构建现代法律意识的最深厚动力来自我国社会内部存在的处于变化中的经济基础，来自改革开放以及社会主义市场经济体制的建立与发展。市场经济的形成以及随之出现的经济结构的转型决定了法律意识的变迁，这是经济基础决定法律意识的具体体现。市场化过程中的一系列社会问题，对高校法治教育工作提出了新的挑战。

（三）信息化

信息化是一种历史进程。信息技术在信息化的过程中扮演着重要的角色。在信息化过程中，对信息资源的开发也变得愈加频繁。信息化可以做到信息和知识的共享，推动经济发展和时代进步，进而帮助社会发展转型。从 20 世纪 90 年代开始，信息技术得到了不断创新和发展，信息产业越来越多，网络也慢慢走进普罗大众的视野。当今世界是经济一体化的世界，信息化已经成为经济社会发展的重要标志，也在继续推动着社会的演进和变革。当今世界已经逐步向信息化发展，要想促进经济社会的发展，我们必须重视信息化进程对其的重要作用。为了建设创新型国家，贯彻落实科学发展观，构建社会主义和谐社会，信息化已经成为必然的趋势。

信息化对人们来说是一把双刃剑，在缺乏正确思想的指导时，信息化往往会导致人们接收的信息过于庞大和杂乱，进而导致人们变得迷惑。大学生自由使用网络，网络信息爆炸使大学生有机会接触更为多元化的思想。多则惑，因此高校应从多个渠道对大学生进行教育。如何应对信息化带来的问题，已经成为高校法治教育研究的重要内容。

（四）法治化

新时代，构成中国特色社会主义法律体系的各个法律部门已经齐全，每个法律部门中主要的法律已经基本制定出来，以宪法为核心的中国特色社会主义法律体系初步形成，依法治国已取得重大成就。中国的法治建设走了一条由简单到成熟、循序渐进的发展之路，在原则性与灵活性中寻求有机平衡。近十年的法治建设至少取得了三个方面的突破性进展：一是法治理念日趋完善；二是法律体系更加完善；三是执政方式进一步完善。依法执政标志着我们党的执政方式开始从主要依政策执政转变为依法治国、建设社会主义法治国家。法治社会已经初步形成，随着法律体系的不断完善，法治社会化要求我们为法治教育提供良性的发展环境，对高校法治教育也提出了新的更高的要求，要求培养的人才具备更加完善的法律知识，更好地适应新时代的发展要求。

二、高校教育

近年来，随着社会的急剧转型、时代的进步以及我国高等教育体制改革开展得如火如荼，高校相对于以往已经发生了巨大的变化，这对高校法治教育和法治意识培养产生了重要影响，具体体现在以下四个方面。

（一）知识传授与素质教育相分离

目前，设置思想道德与法治课程已经成为绝大部分高校开展法治教育的主要途径。现在法律基础课已与思想道德修养课合并，以专章体现法律观、法律人格教育，但从内容含量来看，法治教育在形式上有弱化趋向。这为高校法治教育目标的实现增加了难度，也对担任基础课的教师的素质提出了更高要求。而现行法律教学情况是，部分讲授者由于课堂时间、教材内容以及自身修养等，存在偏重于法律知识的传授和法律条文的解释，忽视通过多种形式对大学生进行法律素质培养和法治意识培养的倾向，影响了现代法律中人文精神的弘扬。这种教育方式对大学生法治教育产生的实际效果只限定在一小部分，因为其没有真正满足国家对大学生法治教育提出的重素质教育的要求。

（二）权利意识和义务观念错位

从教育学角度讲，法治教育的天职就是培育大学生的现代法治观念。一般来说，自由、公正和法律至上为现代法治观念的三大支柱。其中，法律至上是法治的前提，公正是法治的精髓，自由是法治的核心。法治的公正取决于个人自由的满足程度，人们服从法律恰恰是因为自由的需要，也正是因为法律能体现自由并保障自由才有获得“至上性”的可能。权利是法律所保障的自由的外化载体，也就是说，法定的自由度是通过权利来具体表达的。所以，法治构建的途径一般都是限制政府权力来获取个人权利。基于法治化起点或法治化进程的社会条件，激活人们的权利追求意识才是法治教育的应当目的。

在法治教育实践中，受传统教育的教育者强势主体地位和义务本位观的影响，高校法治教育出现重法律的惩戒性和义务性，轻法律的保护性和权利性教育的倾向。这种教育淡化了法的社会功能，使法律的工具性价值被强化，部分学生心里形成的只是“要守法，不要违法，否则就要受到法律处罚”的观念。因此，部分大学生被动、消极学法，严重影响大学生的主体权利意识的确立。而主体权利意识缺乏，将使法律丧失其存在的价值，大学生会降低对法律的需求，一旦失去这种内在需求，法治教育的根本——法律信仰确立和道德素质的提升就很难实现。

（三）高校法治教学形式单一

部分高校法治教育课程教学形式单一，理论与实际相脱节，缺乏趣味性和吸引力。因此，部分学生对课程的讲授没有兴趣，即使是听讲的学生，对教学的内容印象也不深刻，还有一部分学生学习法律仅是为了应付考试。这都使高校法治教学不能起到主渠道的作用。现代大学生对传统的课堂教学、专题讲座等方式较为排斥，部分大学生认为自己通过其他途径了解的法律知识比从课堂上了解的要多，他们比较认同的是在生动、直观的实践活动及电视新闻、网络等方式中感受和领悟如何遵守法律法规，从而获取相关的法律基本知识。

（四）学校环境教育不佳

学校是学生学习、生活的主要场所，学校的教育思想、学生的课余时间安排、教师的言传身教、学校的行政作为是否存在偏差，会直接影响到学生的行为习惯，间接导致学生不良行为的发生。“学高为师，德高为范”，教师就是学生的形象楷模。部分学校朝令夕改，不严格执行自己制定的各项规章制度，对自己有利就执行，对自己无利则拒不兑现。有些教师也没有做到为人师表，在日常生活和处事中表现出法律意识淡漠，综合素养有待提高。长此以往，将使学生养成“法律对自己有利的就遵守，对自己不利的就可以不遵守”的坏习惯，无法有效培养其法治信仰和法治意识。

三、家庭及社区

尽管大学生进入高校以后独立性有所发展，与家庭和社区的关系趋向弱化，但由于几千年来我国传统的家庭观念的影响，特别是我国大学生经济自主能力的缺乏，普遍存在着大学生对家庭的经济依靠和情感依赖。此外，自幼形成的社区文化认同、生活习性也会对大学生价值观的形成和发展产生深远的影响。家庭和社区对大学生法治观的影响就是对原有社会地位及其基础上法治观的承袭，再经过社会化的作用，促使其新法治观的生成、发展和变迁。在这个意义上，家庭和社区是影响大学生法治观念形成的基本因素和启蒙因素，也间接影响了高校法治教育和法治意识培养的效果。

（一）家庭的影响

在人类社会中，家庭是一种最基础、最重要的制度，可以被视为社会的细胞。在个人发展过程中，家庭是社会化的最早起点。随着社会的变革，如今的大学生家庭普遍表现出以下特征：首先，家庭规模正逐渐缩小。随着家庭规模的缩小，家庭内部的关系变得更加简化，老式的“家长制”权威已经不再显眼，家庭成员之间的沟通更加顺畅，决策也更加民主化。其次，家庭承担的角色和任务越来越全面，其具体的表现包括家庭成员的消费活动更加注重质量，养育孩子的方针更加理性，同时个人精神生活与情感需求得到越来越多的关注，而教育方面更多地注重培养职业能力。最后，家庭中大学生的存在变得更受关注，尤其是独生子女大学生群体普遍存在“自我中心”现象。这些变化直接而明显地反映在大学生对法治观念的理解上，同时强化了家庭价值观对大学生法治观念的塑造作用。随着市场经济的不断发展和完善，可以预计在未来一段时间内，家庭对大学生法治观的社会化功能将变得更加稳定和显著。

（二）社区的影响

社区是由生活在同一个地区、分享相似价值观和身份认同的人们所构成的社会群体，他们通过各种社交活动来建立紧密联系和相互支持的社交网络，共同参与社会生活并促进社会发展。

社区的构成需要具备五种要素，即主体、载体、标识、依托和认同感。即足够数目的人、特色的制度和文化、共有的地理范围、有力的团结和成熟的支持系统。不同的社区组成，决定了不同的职业构成、文化背景、生活习性、风俗习惯等，这些都对生活于其中的人的观念产生了潜移默化的影响。近年来，随着社会的转型，刚刚进入人们视线的社区在我国也面临着新的变迁。社区建设在城市化进程中方兴未艾，正从局部走向整体，从传统走向现代，从他律走向自律，具体表现在以下几个方面：首先，随着信息社会的来临，原本封闭的社区结构被打破，社区间的有形和无形的壁垒随着人口流动、信息交换的频繁而逐步消解，使得社区结构开放，社区文化也越来越趋同；其次，社区成员的身份、职业结构越来越复杂，异质性显著，邻里关系淡化，社会交往的对象、途径、方式、目的都发生了变化，这使得社区价值观越来越多元化，大学生生活于其中，其价值取向和行为取向不可避免地受其影响；最后，随着社区的建设和发展，社区作为基层组织，无论在社区内部关系处理上，还是在社会整合功能的发挥上都日益发挥着越来越重要的作用。所有这些，也必然对大学生的思想行为、法治观念产生影响，从而影响高校法治教育与法治意识培养活动的开展。

四、大学生个体因素

现代心理学认为，人格是相对固定的结构组织，是心理特征的集中体现，可以在不同的时空中影响人内隐和外显的行为模式。人格又称为个性，通常由个性的心理特征和个性的倾向性两个部分组成。其中，动机、理想、爱好等是个性的倾向性的体现，个性的心理特征的主要组成部分则有性格、能力和气质。个性中波动较少的部分是性格和气质，它们可以体现个体行为和心理活动的典型特征，能够长期稳定、明显地影响大学生的价值观。社会性因素虽然会极大地影响大学生的价值观，但这种影响其实是间接影响，只有在经过了大学生内部的心理活动之后，社会性因素才能作用在大学生的心理上。对大学生法律素质进行直接影响的主体来自大学生的内在，具体包括能力、价值取向、个性等，它们紧密连接着大学生的自我意识，是大学生做出法律判断的主体因素。

（一）大学生个体的基本特征

1. 生理与心理逐渐成熟

当今时代，我国教育事业蓬勃发展，人们的受教育程度广泛提升。大学生的年龄在17～23岁，正处于青年阶段。而人类的青年阶段身心的发展仍在进行，自我意识、性格乃至对世界的态度正在缓慢地变化，处于形成的过程。从这个阶段的身体和心灵的成熟程度来看，大学生还并非成熟的人，他们的思考方式较为单一，仍是单纯的。因此，当他们接触到社会中复杂多变的矛盾时，容易产生认知错误，也不能很好地规范自身的行为；当他们面临学习问题、感情问题、工作问题、社交问题以及在考虑个人和集体的关系时，容易走极端。这样的心理特征使得部分大学生不能做到用清醒的头脑正确地处理问题。大部分学生会通过自身在社会生活中的切身体验来形成对社会中法律现象的认知。他们往往会用自身尚未成熟的世界观和价值观来判定事物，进而会片面地判断宏观上的法律体系的合理性。在单纯思想的指导下，大学生的行为和意识的特征都集中体现为阶段性、多变性以及幼稚性。

2. 具有完全的行为能力

大学生是文化知识程度较高的群体，具有文化素质高、知识面广、思维活跃等特点，换言之，他们为具备完全行为能力的群体，能够在同龄人中表现出较为成熟理性的处世态度。同时，他们容易打破传统思想的禁锢，适应能力和创造能力强，能够以积极昂扬的青春姿态活跃在社会生活中。这样的年轻人同样具有不稳定性，自身思想并不成熟，因此易出现偏激的社会行为。

3. 脱离家庭的密切监督

进入大学以后，大学生脱离了家庭的视线。家庭对大学生的影响逐渐减少，大学生具有了很高的自由度。获得更多自由的大学生得以独立自主地解决问题，在这个过程中，他们的自我意识逐渐增强，对周围世界的掌控感也在增强。热衷于自主的大学生，很可能会对来自外界社会和家庭的建议产生抵触心理，自我的心理状态使得他们不愿接受传统价值的灌输，而力图通过自己的思考和判断选择合乎自己意愿的生活方式。

4. 大学生法律素质存在明显的差异化特征

首先，地区城乡之间的差异性。由于经济发展的不平衡以及生活方式的不同，来自不同地区的大学生在法律意识上亦有差异。其次，男生与女生之间的差异性。由于男女生有着不同的生理、心理发展规律，其关注问题的方向和角度也各不相同，在对法律的知识需求和对待法律的态度上也表现出一定的差异性。最后，不同年级的大学生的法律素质也具有差异性。虽然大学生法律意识的发展保持着一致性，但是由于大学生在学校的成长发展过程中，不同阶段获取的知识量不同，尤其是对法律知识的获取量不同，其在不同的年级表现出不同的法律意识发展水平。

（二）大学生个体的新特点

1. 独生子女较多

自 20 世纪 80 年代我国开始实行“计划生育”政策以来，我国成为世界上独生子女最多的国家。随着时间的推移，独生子女在高校中的比重逐渐加大。这样一个群体的产生，给我国的高校教育带来了一系列新的问题。

2. “90 后”“00 后”大学生的个性特征

“90 后”“00 后”的新一代大学生的成长过程精神、物质条件双重优越，部分学生产生了优越感。太强的依赖心理导致其进入大学后不能独立，从而产生了对家长的依赖性。此外，由于接触社会和互联网信息的机会较多，大多数大学生有着较强的个性，不轻信权威，对自己不理解和不能接受的事物也会大胆质疑并提出反对意见，因此法治教育必然要符合这个群体的学习特性，否则就会受到他们的抵制。

3. 心理健康问题增多

大学生作为祖国的有生力量，面临着来自朋友、社会、亲人和学校等各个方面的殷切期望。因此，在社会竞争压力越来越大的今天，大学生在学业、事业、经济、情感等多方面所要承受的压力也越来越重。在这种情况下，大学生的身心并未发展成熟，他们对待世界的态度以及个人的价值观也并未成型。大学生的身心健康程度，已经成为影响大学生法治观念、关系到个人发展的直接因素。从目前对高校学生群体进行的分析研究来看，大学生产生心理问题的概率和普遍程度也在逐渐提高，这在一定程度上对高校法治教育和法治意识培养产生了负面影响。

第三节　中美高校法治教育与法治意识培养研究

一、中美高校法治教育与法治意识培养环境

法治教育的环境是指能影响到法治教育的外部环境要素，这些因素不属于法律体系，也不属于教育体系。只要是能影响受教育者的法治观念与意识、改善其法律行为的外部因素，均可被称为法制教育的环境。“人创造环境，同样，环境也创造人。”[①] 对受教育的学生来说，不仅学校内部的教育因素对其影响重大，法治教育的环境对学生的影响同样不可忽视。

高校是根据教育目的，有计划地对教学进行组织，向学生传递知识文化，使学生养成社会规范、达成社会对学生的要求的专门教育机构。高校的环境分为两个部分：一部分是硬件；另一部分是软件。高校的硬件环境指的是学校可见的设施，如操场、教学楼、餐厅等；学校的软件环境主要指高校的校风、管理制度、教学水平等非物质的内容。环境是影响教育的重要因素且影响范围广泛，因此加强高校的环境建设一直是教育界的热门话题。环境是高校开展法治教育和法治意识培养活动的基础，比较中美高校环境建设的相同和差异，有助于帮助我国高校进一步加强环境建设，为高校法治教育和法治意识培养提供良好的基础。

（一）重视高校环境的硬件建设

高校的环境几乎对所有学生的教育产生影响，不仅如此，高校的环境会直接作用于高校的法治教育，因此高校的环境建设受到我国各个高校的高度重视。高校的环境往往能起到隐形教育的作用，高校大力建设环境，希望环境能发挥育人作用。教学的基础也是环境，因此国家每年都有大量政策向高校环境建设倾斜，

① 马克思，恩格斯．马克思恩格斯文集　第1卷[M]．中共中央马克思恩格斯列宁斯大林著作编译局，译．北京：人民出版社，2009．

给予高校环境建设大量资金支持，力求高校环境达到最佳，使学生拥有更好的受教育环境。国家还支持高校加强对图书馆与阅览室的建设，用于丰富学生的知识；支持建设更多的体育、运动场地，以确保学生的体育活动；高校也需要尽力满足学生的住宿要求，确保学生的休息。国家对高校环境建设的支持无不为开展课堂法治教育与课外法治教育奠定了基础，同时良好的环境也在无形中对在校生违法犯罪的行为进行了打击。

美国也十分注重高校的硬件建设。美国拥有雄厚的经济实力，政府不断加大对高等教育的投资，推动高校的发展和建设。美国的各个学术机构均配备了卓越的教学设备。大学拥有优美的校园环境，学生拥有舒适便捷的生活和住宿条件，而且该校的实验和实习设施也非常先进，让人们赞叹不已。这些一流的环境和设施无时无刻地在潜移默化地向学生传递着美国的价值观念，以及弘扬着美国制度的卓越之处。美国高校的法治教育多元化的原因之一是其具有完备的教学设施，这些设施不仅能够支持课堂教学，更能够让法治教育跳出固有的框架。

（二）注重学风建设和师资建设

在我国，各级各类的学校都很注重校风、学风的建设，尤其是学风，良好的学风能使学生更好地学习。高校主要通过校规校纪、教学组织管理、各种考核与奖惩机制对学风进行建设。建立良好的校规校纪可以帮助学生明确身为学生的主要任务，激发学生的学习动力。良好的评估体系可以帮助学生掌握不足，更快进步。合理的奖惩机制可以同时起到鼓励学生与鞭策学生的作用。高校还拥有考核机制，使学生了解自己的水平，但部分高校的考核制度依然受到传统应试教育的影响，看重考试分数，这样的考核机制无法全面反映学生的水平，因此高校还需在考核机制上加深建设水准。正如江泽民同志在《关于教育问题的谈话》中所讲的那样："一定要发扬正气，绝不能让歪风邪气抬头。对学生中发生的不良行为，要加强思想教育，对违法行为，一定要依法严肃处理，千万不能姑息养奸。"① 高校应引导学生感受学习氛围，调动学生学习的主动性，使其自主、自由地学习，最终形成学校期待的学风。

对高校来说，教学是重中之重，良好的教学需要强大的师资阵容，因此高校要加强对教师业务水平能力的培养，规范教师职业道德，通过各种考核确保高校的教学水平。在高校的法治教育中，教师是教学的主导，因此教师需要为人师表之后教书育人。高校法律课程的任课教师必须来自法律相关专业，因为只有专业

---

① 江泽民．关于教育问题的谈话（2000 年 2 月 1 日）[J]．求是，2000（5）：3—5．

人士才能使学生具有良好的法律认识，只有高水平的教师才能带动学生对法律产生正确的认知，只有教师以身作则才能对学生产生正确影响。教法律的教师如果不能正确遵守法律与校规校纪，那么学生也会产生对法律的蔑视情感。只有教师遵纪守法、爱国爱党、热爱教育事业，积极投身教育行业，才能使学生感同身受。当然，学校要时刻把控教师的教学情况，及时提升教师的教学水平，使学生受到与时俱进的法治教育。

美国是世界上的教育大国，拥有许多世界级的名校，如哈佛大学与耶鲁大学。美国的这些高校也实行分权制，政府对高校的管控很少，各大高校实行自主办学权。美国的高校可分为公立高校与私立高校，美国公立高校的各种经费来自当地民众的税款，因此学费较为低廉；美国的私立高校是由私人出资建设的，因此为了维持学校运作，学费往往非常昂贵。在美国，高校是青年学生传播社会政治制度与社会准则的地方，这一观念被美国政府与群众大范围接受。高校的主要任务就是“统一青少年的政治认识”[①]，而社会有义务为学生提供良好的学习环境。

不仅是中国，美国也同样重视高校的学风建设。美国也会把控高校师资力量，确保教师的教学符合学生的需求与社会的要求。美国的校园文化浓厚，同时丰富的校园文化活动会反刺激高校的学术氛围。美国高校的学术交流非常频繁，多种主题活动由学校与师生共同举办，学生在这种环境下有较强的自主性，积极参与活动、发表观点。美国卡内基教学促进基金会对美国大学所做的一项调查表明，大学教育的效果是与大学生在校园度过的时光以及学生参加各项活动的质量联系在一起的。这些丰富的校园活动不仅丰富了学生的课余时间，开拓了学生的视野，还提高了学生的主观能动性，使学生更全面地发展，无形当中起到了育人的作用。

美国的师资建设在世界上也是别具一格的，美国高校会在三个方面对自己的师资力量进行考核，分别是宣誓效忠、教师的行为习惯与教师的水平评估。美国对高校建设看得很重，教师的选拔要求非常严格，不仅如此，连校长、督学等行政管理人员也需要经过严格的筛选才能任职，每一位教育者都需要在任职前进行宣誓，承诺他们会忠于教育事业。在美国高校中，教师是“自由、平等、民主”等优秀品质的代名词，教师需要以身作则，为学生做出表率。在课程内容中，教师除了教授知识与能力外，更要教会学生美式民主与自由的生活方式，宣传自由与民主。在师生关系中，二者完全平等。高校强调学生是教学主体，教师要遵从

① 卡扎米亚斯，马西亚拉斯．教育的传统与变革[M]．福建师范大学教育系，译．北京：文化教育出版社，1981．

学生的意愿，发挥学生的主导性，让其自我选择感兴趣的知识内容进行学习，充分发挥学生的积极性。教师则要发挥自身的引导作用，拒绝让学生死记硬背，并且要让学生明白两个道理：一是懂得如何寻找自己需要的知识而不是在大脑中寻找知识；二是使用知识要进行创造性的使用，懂得对学习内容进行创新。学习是主动创造的，死记硬背不是学习的好方法，它既不会增长学生的智力，也不会使学生学会应用知识。同时，美国高校十分注重对教师的考核，在学期的中期与学期末，高校会对教师进行考核，其中学生对教师的评价占比很重。因此，美国的教师往往压力很大，一方面他们要完成教学任务，教会学生应当掌握的专业知识；另一方面要费尽心力满足学生的需求，避免考核时学生不满而使自己不合格的状况出现。美国教师因此往往使用生动有趣的教学方法，使学生充分发挥创造性、想象力与主观能动性，学会应用知识，而不是只看考卷成绩。

美国高校的学生竞争非常激烈，学生的毕业压力很大。美国教育主张学生发挥自主性，学生要根据自己的兴趣和爱好选择感兴趣的内容，有时甚至可以进行跨专业、跨学科的学习，因此学生的学习范围很广，需要学生对各种知识建立起联系，最终转化为自己的理解。在美国的教学中，教师一般不会给学生加以限定，学生可以自由发挥自身的创造性。在教师的引导下，学生选择某个课题，为此学生会大量阅读相关书籍、查阅资料、进行实验。洛杉矶地区曾经进行了多次实验，结果显示高校活动频繁时，学生不仅出勤率高，而且学习兴趣与成绩都呈上升趋势，会更加遵守社会准则、适应社会；相反，学生会对上课失去兴趣，课程参与率低，甚至导致学生犯罪。

二、中美高校法治教育与法治意识培养内容

教育内容是高校法治教育中教师与学生进行沟通的桥梁，包含法律观点、法律能力、相应的法律条文等。在我国高校，法治教育主要是通过思想道德与法治课程进行的，通过这门课程，学生可以学到法律知识、完善自己的法律意识。而美国高校强调法律的价值，学生通过自己选择的内容对法律价值进行学习，塑造自己的法律理念，最终形成守法的公民。

中美两国的高校法治教育都选择了具有一定实践意义的教育内容，如果将中美的法治教育内容进行比较，我们便可以看出两国法治教育的区别。我们应对他国优秀的教育内容加以学习，对不合理的法治教育内容引以为戒。

第一，中美两国的教育最终目的都是培养全面发展的人，两国教育中都包含

高校法治教育这个重要部分，并且高校法治教育在教育中发挥着重要作用，成功地提高了大学生的法律意识、法律行为能力与法律素养。对我国来说，法律教育是人全面发展的重要部分，只有懂得法律且遵纪守法才能成为全面发展的人。对美国来说，大学生法治教育主要穿插于各种学习内容中，法律教育不仅提升了学生的基础法律知识与能力，还能帮助学生提高专业课程的学习能力。

第二，中美两国的高校法治教育都不仅注重法律知识，而且注重法律意识的培养，这样的法律教育才能真正达到教育目的。某些缺乏法律意识，但拥有法律知识的人可能反而利用这些法律知识进行违法或不道德的行为，并利用法律知识逃避、减轻法律的惩罚。因此，法律知识与法律意识共同构成了高校法律教育。学生需要以法律知识为基础，在理解了法律知识的基础上，构建自己的法律意识，形成抽象的法律理解。高校的目的就是传承人类的文化，高校的法律教育也就成为法律在高校传播的主要途径。美国高校的法治教育旨在培养美国高校生的法律知识与意识，让其认同资本主义制度下的法律并严格遵守这些法律。两国的意识形态不同，加上中美两国的经济状况、人口状况等存在一定区别，导致两国的高校法治教育的区别也很大。但两国的高校法治教育都是对本国法律的传承并为法律的创新打下了基础，所以两国高校法治教育的内核是相同的，都在于传承本国的法律文化，提高学生的法治观念，引导学生正确进行法律活动，遵纪守法，成为一名合格的守法公民。

三、中美高校法治教育与法治意识培养模式

法治教育是一个特殊的教育过程，遵循着一定的教育规律，但其教育内容与法律相关。法治教育是传播法律知识、培养法律意识、最终引导学生进行正确法律活动的活动。法治教育的逻辑性强，应当形成完整的教育过程。美国学者哈罗德·拉斯韦尔（Harold Lasswell）经过研究，在《社会传播的结构与功能》一文中提出了传播的五个步骤：Who（谁）—Says What（说什么）—In Which Channel（通过什么途径和渠道）—To Whom（向谁说）—With What Effect（产生什么效果）。

拉斯韦尔提出的传播五步骤中均含有字母“W”，因此人们往往称传播的五个步骤为“拉斯韦尔模式”，也有人称其为“5W 模式”。这个模式对于研究传播学有着深远的影响，不仅传播学业界普遍认可这个模式，各个学者更是纷纷以此为基础进行研究。在后续的研究中，更多的学者根据这五个要素提出了五个传播学的研究领域，分别是传播主体（控制研究）、传播内容（内容分析）、传播渠道

（媒介分析）、传播客体（受众分析）及传播效果（效果研究）。“5W 模式”的出现对学者研究传播学起到了正向的推进作用，极大地激发了学者研究传播学的热情，学者纷纷将“5W 模式”与心理学、社会学等学科进行结合，将研究成果大量应用在教育、广告、商品宣传等领域。

在高校的法治教育中应用该模式，可以反映法治教育在我国高校的传播程度，研究法治传播的环节与问题。第一，传播主体。在高校的法治教育中，传播主体即教育主体。在我国现行的高校教育制度下，教师为法治教育的主要传播者，因此教师即高校法治教育的传播主体。第二，传播内容。传播内容主要以本国法律为基础形成的法律知识与法律观念，中美两国的法律相差甚远，导致两国的传播内容相差很大。第三，传播渠道。高校法治教育的传播渠道多种多样，可以是课上的各种教学手段，也可以是高校的校园环境。高校法治教育的传播渠道会影响到高校法治教育的优劣，因此选择合理的传播渠道对于高校法治教育极为重要。第四，传播客体。传播客体是法治教育的重要组成部分，毕竟传播客体是法治教育的对象。对我国来说，法治教育的传播客体为全体国民。但对高校的法治教育来说，全体学生即高校法制教育的传播客体。第五，传播效果。法治教育的传播效果有广义与狭义之分，广义的传播效果是指由法治教育引起的客观结果，只要是由法治教育影响形成的无论大小的一切结果均为广义的法治教育传播效果；狭义的传播效果为法治教育的主体想要实现的意图或目标。在高校法治教育中，传播效果主要是指高校进行法治教育是否实现了目标与取得的成效。

（一）中国的法治教育模式

1. 教育主体决定授课主要内容

在我国，高校的法治教育需采用由教育部统一规定的授课教材，各学校可以自行安排授课时间与相关内容。虽然教材统一使用，但我国高校法治教育课程依旧具有较高的灵活性。即使是采用相同的教材，不同教师的侧重点也不同，有的教师注重法律知识的讲述；有的教师围绕大纲，对大纲要求严格遵守；有的教师善用实例，课程内容生动有趣；有的教师擅长培养人的法律意识与法律行为。不同高校的教师、同所高校的不同教师，由于教育背景、教学经历、个人生活经验等的差别，教学内容有所突出，促使学生法律知识的掌握、法律意识的形成顺利进行。

2. 教育内容结构更新

在我国，自 1986 年起，法律基础课便是一门高校必不可缺的必修课，之后随着教育的改革与发展，这门课程与高校的思想道德等课程合并，国家统一教材，最终划定为思想政治课程。2021 年，相关教材编写组在《思想道德修养与法律基础（2018 年版）》的基础上修订形成了《思想道德与法治（2021 年版）》。对于法治教育的改革内容，为进一步推动习近平新时代中国特色社会主义思想进教材、进课堂、进头脑，深入贯彻落实党的二十大和十九届六中全会精神，2023 年，中宣部、教育部组织对马克思主义理论研究和建设工程重点教材高校思想政治理论课教材进行了全面修订，其中涵盖法治教育内容的教材为《思想道德与法治（2023 年版）》。从教材内容的变化上看，教材内容中的法律知识比重逐渐增加，内容深度也逐渐加深，也越来越贴近大学生的学习和生活。

3．“尊师重教”理念的树立

“尊师重教”是中华民族的传统美德，高校是传承中华文化的地方，当然在高校法治教育中注重“尊师重教”。在学校要强调尊重教师，故人们对教师是非常尊重的。

4．重视反馈的作用

“反馈”一词，源自无线电工程技术。在传播学中，反馈指的是受传播者在接收到信息后做出的反应，获得反馈信息是信息传播者将信息传播出去的目的，反馈同样是信息接收者对接收到信息后的能动反应。我国法治科普宣传工作从 1986 年开展，经历了数个普法阶段，如“一五”“二五”“三五”等普法过程。既然有了法律普及的工作，相应地就需要法律普及的验收工作，因此每五年我国还会举行法律普及的验收工作，对法治建设过程中的经验进行总结。

（二）美国的法治教育模式

1．自主参与式教育的开展

在美国，教师可能并非来自美国，教师使用不同的语言，他们的肤色也许与学生不同，信仰的宗教也不尽相同。美国的课堂灵活且严谨，课堂氛围活泼，师生交流活跃。

2．教育内容的思想性与政治性

美国高校的法治教育主要有两大特点。

（1）强调内容的思想性

在美国，不同的高校在进行法治教育时选用的教材不尽相同，各州有权自主选择法治教材。各州选取教材的标准，主要取决于教材的社会性。杜威曾指出：“有一句话含有真理，就是教育必须首先是人类的，只有随后才是专业的。但是，说这句话的人常常把人类这个名词理解为仅仅指非常专门的阶级，即保存以往古典传统的学者阶级。他们忘记了，教材必须与人类的共同利益有联系，才是人类化的教材。”① 虽然不同教材的选用可能导致各州教育水平存在差距，但是各州在教材选用的标准上是有统一的大原则的，各州在把控教材选取的态度上有共同的教育目的与教育方向，如教材要完成对美国宪法、美国民主制度、法律文化等内容的介绍与传承，需要能引导学生形成正确的法治观念，成为合格的美国公民等。

（2）突出法治教育的政治性

与中国一样，美国在不同的教育阶段会出现法治教育差距很大的情况，但各阶段的法治教育目的是相同的，即让学生成为守法的优秀公民，使学生知道法律制度是神圣不可侵犯的，若是违反了某些制度必然受到惩罚，树立法律与制度的权威性。在对学生进行法治教育的同时，必然少不了对学生进行资本主义优越性的教育，这些政治性的内容是美国进行爱国教育与法治教育必不可少的过程。

3. 各媒介综合运用下的“启发式”教育

在经历二战之后，美国的经济迅速发展。在高新科技的带动下，美国的通信、航空等产业迅速发展。因此，美国无论是各种媒体、报纸、电视广播节目，还是家庭、学校，抑或是医院、宗教团体，任何时候任何地点都有可能进行美国的价值观、法律意识与信仰的宣传。

美国对教育环境非常重视，无论是联邦政府还是各州的政府都非常重视各种教育场所的建设，为此各政府不惜投入大量资金建造体育场、博物馆、纪念馆等场地，这些场地在宣传文化的同时会进行意识形态与法律制度等相关内容的宣传。比如，旧金山市就有许多街道以历届总统或重要历史名人的姓名进行命名。这些街道是除了课堂教育之外向学生与民众进行政治、法律宣传的场地，并且这些街道能从多角度、多层次地对民众进行或显性或隐性的宣传。美国还会在高校进行大量的学术讲座，不仅能够进行法治教育，还可以丰富学生的课余生活。政府还鼓励大学生作为志愿者参加社区服务活动，让学生将学到的法律知识与劳动实践相结合，做到在劳动中巩固学生的法律信仰。美国政府鼓励社会各界融入教育相关内容，如美国的媒体中就常常出现法治教育的相关内容，如通过各州的电视、广播、报纸甚至是制作的电影或网络视频对美国的政府、阶级、法治等内容进行宣传，这些媒体不仅会对在校大学生进行影响，更会对全体国民进行法治教育，甚至影响其他国家的国民。总体来看，中国进行的法治教育与美国的法治教育在

① 赵祥麟，王承绪．杜威教育名篇 [M]. 北京：教育科学出版社，2006.

渠道上有一定差距。美国的教育渠道具有启发性，往往是在潜移默化中便对学生、国民进行了教育，这样有利于受教育者接受，达成期望的教育成果。

4．“以人为本”理念的推崇

美国高校同样推崇“以人为本”的教学理念，注重素质教育，他们认为学生的法律素养是人全面发展的重要一环。目前美国 50 多个州中有 40 个州要求学生在高校进行宪法学习，还有 30 多个州要求学习州宪法，美国政府也会要求学生学习《独立宣言》、公民义务等内容。

在美国文化的长期熏陶下，大多家庭的父母较为开明，认为子女是非常优秀且独立自主的，他们不会过多干预子女的活动与学业，很多家庭还会鼓励自己的子女参与社会或学校组织的各种活动。

5．重视反馈的作用

美国的法治教育非常重视反馈机制，它通过监督学生的行为来收集与法治教育效果有关的信息。美国在制定教育方针和教育策略时，会将学生所展现出的公民意识程度以及违法乱纪行为的发生率作为重要参考。美国教育界能否强化对大学生自主独立、公平正义以及社会责任等方面的培养，将决定教育重点是否向培养具备爱国守法等公民意识的大学生转移。

（三）中美高校法治教育与法治意识培养模式研究

1．法治教育的最终落脚点相同

“5W 模式”的五大要素均适用于中美的法治教育模式。传播学的五大要素在法治教育中分别对应教育主体、教育客体、教育手段与途径、教育内容和教育效果，这五项内容在法治教育中均起到了不可或缺的作用，高校法治教育缺少了其中任意一环都无法完整存在。因此，可通过“5W 模式”对中美两国的法治教育进行分析，说明两国的法治教育本质是相同的。中美的法治教育都是为了人的全面发展，教育服务于社会，但最终服务于人。

2．法治教育模式上相差甚远

（1）教育主体

中美两国的教师有着不同的角色定位，虽然两国的教学过程中均以教师为中心，但由于两国的社会文化不同，教师在课堂中的定位存在差异。

（2）教育客体

对于法治教育客体也就是学生的定位，中美也有所不同，二者应相互借鉴，提升学生的学习主体性。

（3）教育内容

我国和美国在教材的选取方式上也有所不同，中国的法治教育教材是统一选取的，全国使用统一的教材有助于缩小不同高校之间的差距。美国各高校的法治教材由州政府选定，各州可根据自己的实际情况选择适合自己高校的教材，这样法治教育会更适合本州的实际情况，但需要注意在教材选取时的教育目的与大方向。

（4）教育渠道、手段和途径

美国的人口和文化更加多样化。中国采用传统教学方法和现代教学技术相结合的方式，注重课堂教学，并利用课堂外的资源进行宣传。美国在宣传上采用了传统和现代手段相结合的方式，从局部到整体、从一个点到多个点、广泛而全面地展开。

第五章　高校法治教育与法治意识培养的问题研究

本章主要内容为高校法治教育与法治意识培养的问题研究，分别介绍了高校法治教育与法治意识培养的主要问题和高校法治教育与法治意识培养问题的成因。

第一节　高校法治教育与法治意识培养的主要问题

一、教育环节碎片低效

法律意识的形成不是人的精神或心理的一个片段或结果，而是由知、情、意、信、行构成的密切联系、相互促进的体系和动态发展过程。因此，高校法治教育与法治意识培养的问题可从以下几个方面展开分析。

（一）法律认知欠缺

法律认知是个体对法律规范、法律行为、法律现象与法律本质的总体认识，人们从生活中获取形形色色的法律信息，通过大脑将这些法律信息进行处理，最终形成法律认知。法律认知是形成法律观念的基础，很难想象没有法律基础知识的人会形成法律意识。意大利刑法学家切萨雷·博内萨纳·贝卡里亚（Cesare Bonesana Beccaria）说："了解和掌握神圣法典的人越多，犯罪就越少，因为对刑罚的捉摸不定无疑会帮助欲望强词夺理。"[①] 可见法律认知的重要性。当前，大学生法律认知方面存在的主要问题有以下几个。

1. 法律知识不完整

现代大学生经过较长时间的学习，大多对法律有基本的认知，对一般违法行

① 贝卡里亚．论犯罪与刑罚[M]．黄风，译．北京：中国大百科全书出版社，1993.

为有初步的了解，对法律抱有敬畏之心，肯定法律在社会中的地位，尊重且能遵守法律。但对于尚处于由不成熟向成熟过渡时期的大学生来说，部分学生对法律的认知还不够全面、深刻，对法律的认识偏向感性，一些学生对法律的理解是基于道德形成的，还未形成完整准确的法律观念。虽然大多数大学生通过学习法治课程、观看法治节目、上网等各种途径了解、掌握了许多法律知识和常识，并能从中受到一定的教育和熏陶。但是，他们往往只知道法律的表层，如具体的规则条文，却不大能够把握法律的深层内涵。他们也热衷议论典型法律案例和热点事件，但往往在乎其“热闹”，却摸不透其中的“门道”和奥妙。例如，大家知道法律是什么，但很少有人思考，作为一种社会现象，为什么需要法律存在？柏拉图认为：“人在达到完美境界时，是最优秀的动物，然而一旦离开了法律和正义，他就是最恶劣的动物。”[①] 大多数学生知道宪法是国家的根本大法，宪法规定了公民的基本权利和基本义务等。但是对于宪法是怎么产生的、为什么要制定宪法、为什么宪法是民主的产物和保障等问题，他们很难通过对宪法的掌握真正领悟到。宪法表征的是国家与公民的关系，通过规范国家权力以保障公民权利。由于缺乏这种深层的理解，他们觉得学习宪法是响应国家的号召和应付考试的需要，很难对宪法产生亲近感，更谈不上依宪治国的意识和信念了。

2．法律认识有误区

党和国家早在1997年就提出了“依法治国，建设社会主义法治国家”这一基本方略，将“法治”上升到治理国家这一战略高度和地位，反映了党和国家的深谋远虑。2014年党的十八届四中全会通过了“全面推进依法治国，建设社会主义法治国家”的决议。虽然是以前战略的逻辑演进和必要延展，但是以党的全会专门讨论和通过，一方面说明党和国家对依法治国的高度重视，另一方面说明我国的法治进程仍需推进。由于对法律认识不够全面，加上信息时代网络上各种虚假信息的入侵，部分学生对法律产生了悲观看法，认为法律在我国经济社会中起到的作用不大，依法治国仍然任重道远。

3．法治观念有待提升

尽管大学生在日常行为上通常能够守规矩，但当代学生经常被动地遵从法律，而不是主动自觉地守法。因此，他们还没有完全将法律内化为自己的行为准则。大多数大学生对政府制定的新法律表现出较高的兴趣，特别是对教育、就业和劳

① 柏拉图．柏拉图全集[M]．王晓朝，译．北京：人民出版社，2003．

动等方面的新闻及法律规范更为关注。这表明，学生对法律的关注主要出自个人需求，试图通过了解法律规定更好地解决实际问题。尽管如此，在现实生活中，仍有学生缺乏自律意识。有些学生在合法权益受到损害时，并不选择寻求法律的帮助。这表明大学生尚未将法律视作自己信仰的准则来坚定遵守。他们认为法律规章只是一种外部的限制力量，而不是一种内在的行为准则，并无法自发地、主动地、积极地遵守法律和使用法律。

（二）法律情感淡薄

所谓法律情感，是指个体在社会生活中对法律体系、法律活动、法律事件和法律人物等方面产生的内心体验和感受，是对法律的肯定与否定、好恶之感等心理反应。作为非理性因素，法律情感主要包括法律信任感、法律责任感、法律依赖感和法律正义感等。

法律情感是一种感性认知，是人们在掌握一定的法律知识之后对法律形成的态度。法律情感是法律行为、法律意志的来源，没有法律情感，就很难做出与法律相关的行为。它是个体根据法律事实以及法律实践形成的情感体验，反映着一个人对法律的态度与追求。法律情感有时不仅指某一个人对法律产生的体验，还包括某一群体产生的综合法律体验，是人们对法律的理性情感。法律情感决定着人们对法律的信与不信。伯尔曼认为：“如果剥夺了法律的情感生命力，则法律将不可能幸存于世。”①

大学生群体认为，法律是纯粹理性的产物和表现，法律实践中如果渗入情感的因素，会面临情与法的冲突，就会使法律的公正品质受到污染。这种观点是将理性与情感简单割裂开来。从法律是公正的理性的化身，不因人情、权势而改变规定、随意实施这点来说，法律确实是“无情”的；但是冷冰冰的法律条文和规则里充满着公平正义的情感力量和人性的温度。权利和义务是整个法律体系的核心内容，而权利本位取代义务本位成为现代法治的价值导向。也就是说，从权利与义务的对比关系看，权利是目的，义务是手段，义务从根本上说是服务权利、实现权利的。否则，法律也就失去了它本身的价值。对现代大学生来说，培养其权利观念是非常重要的，权利意识是指人们对自己合理合法的权利的感知，并理解如何应用权利，当合法权利受到侵害时能捍卫自己的权利。我们要想捍卫自己的权利，应当做到尊重他人的权利，只关注自身权利却忽视他人权利是对权利的不尊重，也是对自己权利的践踏。也就是说，只有树立法律的权利意识，才能产

① 伯尔曼．法律与宗教[M]．梁治平，译．北京：生活·读书·新知三联书店，1991.

生对法律的好感和热爱，在人际和社会交往中尊重他人，有温情而非冷冰冰的。然而现实生活中，部分大学生缺乏权利观念，自然不能贴近法律，对法律产生好感；部分学生不懂得对他人权利的尊重，缺乏应有的社会责任感，法律情感淡薄。“如果个人的法律情感在司法关系上无精打采、胆小怕事、麻木不仁……谁又会相信他会摇身一变，感情饱满、精力充沛地投入行动。”[①] 对于我国的法治教育，要让人们做到正如伯尔曼呼吁的那样：“法律应当致力于培养所有有关人员——当事人、旁观者和公众——的法律情感。”[②] 为此我们坚持进行法律教育，让法律观念深入人心。在法律教育的过程中应当对公民进行多方面、使用多种方法的法治教育，结合当地情况，用当地人们容易接受的方式进行教学活动。还要关注从国家与民间两方面共同推进，既要从国家层面进行宣传，也要注重基层宣传，让广大人民群众明白法律的意义、法律与人民的关系。宣传社会主义法律的优越性，让人民群众明白社会主义法律是对人民的支持，是保障社会主义道路建设的条件，从而使人民群众对社会主义法律产生信赖，并严格遵守法律。

（三）法律意志不坚定

法律意志的形成需要一定的法律基础，如法律知识的掌握、法律意识的形成、法律情感的处理等，在形成这些法律基础后，通过法律支配自己的行为才能形成法律意志。

随着依法治国建设的全面推进，近年来各高校越来越注重法治教育，取得了显著的成果。尽管大学生已经了解了依法治国的含义以及为什么要建设社会主义法治国家，他们有意识地认识到法律在社会生活中的重要地位，但是在实际生活中，他们的法律信仰仍需加强。人类的行为都是由主观意识驱动的，一个人对法律的态度会影响其行为决策。如果一个人坚信法律，那么他们的行为会更有稳定性和持久性。即使面对外部环境的变化，他们也会坚守自己对法律的信念，保持对法律的遵从和守法品质。尽管许多大学生对法律表示了认可和信任，但他们的思想很容易受到外界因素的影响而发生变化，缺乏对法律信仰的坚定、持久和广泛性。

随着时代的发展，大学生面临着各种思想意识的冲击。因此，需要花费大量精力，让大学生深刻理解法律的核心价值和原则，从而培养他们对法律的信仰、

① 梁慧星．民商法论丛 第 2 卷 [M]．北京：法律出版社，1994．

② 伯尔曼．法律与宗教 [M]．梁治平，译．北京：中国政法大学出版社，2003．

尊重、认同、热爱等心理态度，加强法律意识和法治观念的建设。这包括理解法律的真谛、精神、作用、价值、必然性以及科学性等。

（四）法律信任不足

人民对法律的信任不足主要表现在不认同、虚假认同与反向认同三个方面。

1. 不认同

虽然我国一直坚持鼓励法治教育与法治建设，但依旧有部分学生对法律并不认可。这种心态表现为对法律毫不在意，做事无视法律。

2. 虚假认同

虚假认同为学生接受法律或法律的一部分，但理解很浅并没有理解到法律的本质，也无法形成相应的法律意识。虚假认同主要表现在三个方面，分别是符号化认同、教条化认同与边缘化认同。第一，符号化认同。符号化认同是指将法律看作一个符号或者法律这个词，对法律的内容和实质并不理解，甚至内心排斥法律。第二，教条化认同。教条化认同是指将法律条文背得滚瓜烂熟，法律的意义等问题也以死记硬背的方式回答出来，但是并没有形成深刻的认知，一旦到法律的应用或深层次理解时便会一无所知。第三，边缘化认同。边缘化认同是指学习法律是为了短期的考试或考核，将法律作为考试考核的工具，这样的认同基本是考试前的临时突击，不仅无法形成理解，而且在考试结束后，法律相关的认同记忆便会消失。

3. 反向认同

反向认同是指某些学生受历史虚无主义的影响，完全否认法律的作用。

庞德认为，如果想要知道一个国家是否拥有健全的法律体系，并不是看其法律条文的数量，而是看其法律是否被人民群众接受，法律是否深入人心[①]。我国目前虽然是社会主义，但发展不完全，依旧处于社会主义初级阶段，人民群众的思想不成熟，部分人还在受过去旧思想甚至是封建思想的影响。现代社会需要人民群众不断更新自己的价值观，对自己的价值观进行多元化处理，但越来越快的信息传递导致许多社会消息迅速进入学生的视野，往往会使学生轻信一些虚假信息，导致学生对法律产生了错误的认知与不信任感。因而，需要加强法治教育，增强学生对我国法律制度体系的认同。

① 王京生．和谐城市论[M]．深圳：海天出版社，2008．

二、教育方式单一低效

（一）忽视学生在教育中的主体地位

当前，我国高校法治教育的主要形式还是课堂教学。对课堂来说，应该是学生与教师共同进行教学活动的场所，而法治教育的课堂就是教师向学生传授法律知识，让学生形成法治观念的地方。课堂有着目的性、组织性与集中性的优势，有助于学生更快地形成法治观念，更好地进行教育活动。但是中国目前的高校法治教育仍然会受到传统教育模式的影响，导致学生的主体地位仍需提高。对于法律知识，相关内容错综复杂，需要大量运用逻辑思维能力，许多学生学习起来十分枯燥，需要教师进行针对性的指导，因此就更需要发挥学生的主观能动性与创造性。这种教育模式对学生的创造力和探索精神把握不够，也在法律知识的内化、情感认识的转化与升华等方面，存在一些难以解决的矛盾。

（二）不利于法律意识、法治观念的完善

目前高校法治教育还存在一些限制，一般采用教师授课和学生听课的模式。教师不仅要强调法律知识的传授，还要注重培养学生的法治意识和能力。此外，课堂还应进行丰富多样的讨论和交流。教师在讲授法律知识时应多引入生动的案例，使学生对法治教育更有兴趣，真正感受到法治的魅力。此外，学生在课堂教学中对法治威严的感受仍然不够深刻。举例来说，学生可以通过进行课堂辩论和接受“法律至高无上”“信仰法律”的理念，形成对法律的信仰。培养公民信仰法律并不能一蹴而就，而是需要通过一系列社会活动、社会经验以及亲身经验的积累，逐渐形成自觉遵守法律的态度和行为，这是个人为了自身利益不断深化的过程。一些法律教育课教师遇到教学材料难以贴近学生的实际生活的情况时，只是单纯地讲授知识，缺乏有效的方式来培养大学生的法律信仰。人类内心的信仰感受是一种天然的情感，它的确立不是被强迫的，而要建立在生理和心理需求的基础上的。只有将法律与学生的实际生活紧密联系起来，让他们通过法律在现实中的应用体验到其所带来的益处，从而深刻认识到法律的价值，并为树立法律信仰打下基础。

（三）高校法治教育未能开展形式多样的教育活动

目前我国的高校在校生多为“90 后”与“00 后”，这些学生已经可以便捷地获取网络资源，因此他们往往创造性强、思想性活跃。他们对于从未接触过的

东西抱有强烈的好奇心，因此在展开法治教育的同时，教师要注意采用新奇或创新的教学手段或教学内容来吸引学生的注意力，只有引起他们的注意力与主动性，才能保障教学质量。目前我国高校法治教育依旧主要依托课堂，这样很容易让学生感到无聊。目前高校法治教育应当考虑利用流行于年轻人之间的QQ、微信等新媒体工具进行教学，这样会使学生感到教学贴近他们的生活，因此将注意力集中到教学上，形成传统教学方式与新媒体、多媒体教学结合的教学方式。有些高校积极采用社团活动、讲座以及社会实践的方式进行法治教育，不仅丰富了学生的课余生活，更能宣传法治教育。高校要将法治教育渗透到学生生活中的点点滴滴，无论是校园环境还是课外活动均可进行法治教育，要将大学生对法治教育的热情引导到大学生的生活中。但是部分高校由于资金匮乏、教师专业性有待提高等无法开展充足的讲座、会谈以及课外活动，这是国内高校亟须解决的问题之一。

网络的使用极大程度地丰富了教学资源与教学内容，给高校法治教育带来极大的便利，但是同时网络给师生的生活带来了一定的弊端，如网络让人类社会的必然交流减少，曾经许多面对面的交流变成了手机、电脑上冰冷的文字，导致人们之间的关系偏向利益化，人与人之间的温度不断降低。但是，高校可以根据法治教育来改变这样的状况，法治教育使人了解法律知识、产生法律意识，在浓厚的法律情怀熏陶下，人们可以大胆地相信法律，法律会公平地对待每一个人，会保护每一个人，让人产生依靠法律的心理。

“教育模式是一种独特的研究范式，它力图从知识形态上解决理论与实践的连接问题。教育模式是教育理论实践化和教育实践理论化的中介。”[①] 从这句话可以看出，高校法治教育是使高校法治教育目标实现的活动，在这个活动过程中，人们使用各种理论模型与实践方式，达成法治教育的教育目标。因此，高校应当鼓励法治教师采用丰富多样的教育方式。

三、教育环境有待优化

包含法治元素的校园环境和设施是对学生进行法治教育最直接的教材，蕴含其中的法治观念、具体细节中体现的法律知识，都能对提升大学生的法治素养起到积极的促进作用。虽然高校的校园文化在发挥法治教育的功能上做出了一些探索，取得了初步成效，一些与法治相关的思想、观念融入校园文化的整体之中，

① 张耀灿，郑永廷，吴潜涛，等．现代思想政治教育学[M]. 北京：人民出版社，2001.

成为影响学生成才成长的文化基因，但对比国家对法治教育和青少年法治素养的要求，还有诸多薄弱环节，需要进一步强化。

（一）校园环境中的法治元素不突出

校园环境以及广泛存在于环境之中的各类硬件设施是校园文化得以存续和发展的基础，同时也为大学生学习、生活提供方方面面的服务。但在校园文化建设之中，很难做到一开始就将法治教育全盘考虑其中，也难以在各个领域都突出法治元素，服务大学生法治素养的提升。事实上，当前校园环境中，在软件、硬件两方面，法治元素都不够突出。

从软件上看，在校园的各项内部规章制度和校纪校规中，其突出的功用体现在教师的教学行为和学生在校各类活动的硬性规范上，强调的是正规秩序的养成与维护，要求学生时刻在设定的轨道上行事，软环境实际上变成了约束和评价学生的清规戒律，而这些规章制度只要能为管理服务，到底有多少能够保障学生的合法权益、能在何种程度上向学生展示学校的法治理念以及如何向学生进行法治示范和法治关怀反而被忽视了。也就是说，在这种环境中，学生成为调整的对象，而非教育的对象。

从硬件上看，高校环境中的各类硬件设施都是为学生学习、生活服务的，任何一项设施，如图书馆、教学场所、学术中心等被单独开发出来，或兼而利用为法治教育服务，都切实可行，因为法治教育本身也是学校教育活动的一部分。但对硬件设施一般的利用，发挥的只是硬件设施的常规作用，无法对法治教育起到更大的促进作用。法治教育，面对大学生法治素养存在的诸多问题，在利用硬件资源上，要有更深入具体的要求和更加超前创新的举措。在这一方面，法治元素不突出的问题就十分明显，如教学区、图书馆、校园灯箱、展板等，要单独拿出来一部分或一段时间，为法治教育服务，就需要协调行政机关等多个部门，就连在为法治教育提供相对宽松的教学空间上，一些学校做得也不是很到位。另外，一些随时可以为法治教育提供服务的设施，如展馆、校内网络等，功能设计时缺乏法治元素的前期规划，后期维护上也缺少对法治教育的预算支持，导致一些设施功能闲置也不主动为法治教育提供服务与帮助。当然，这些问题不单单是校园环境一方面造成的，法治教育在整个校园环境中力量不足，思路不清，在各环境因素中的联系、沟通和监督执行上的缺位，也是造成校园环境中的法治元素不突出的重要原因。

（二）校园文化活动中的法治主题不鲜明

高校在推广法治宣传方面，常采用两种方式：其一是以重大节日、重要会议为契机，通过专门的文化活动来宣传法治理念。这类活动由学校的宣传、组织、群工等多个部门根据各自的职能，结合活动目的和主题，分别组织实施。其二是地方政府主导的法治宣传进校园活动，这种活动的主题、内容和形式通常由当地普法部门确定。活动针对具体的法律实施或配合当地的重大普法活动等，将校园作为一个单元，融入其中。不论是学校主动展开的法治宣传活动，还是地方普法活动，均由学校和地方的行政部门担任组织者。尽管高校的法治教育机构有时会担任顾问或指导角色，但对于整个活动的策划、实施过程的掌控，以及结果的评估与反馈等方面，高校的参与度不够。实际上，这些在校园内开展的法治宣传活动，仍然需要与法治教育加强联系，互相有效衔接和配合。

第二节　高校法治教育与法治意识培养问题的成因

我国的高校法治教育目前仍存在一定问题，出现这些问题的原因多种多样，有历史与传统因素造成的，也有随着历史的发展新出现的现代原因。我们要想达成良好的法治教育，完成法治教育的教育目的，就必须认真分析这些问题，并根据这些问题提出解决的方针与办法。因此，对高校法治教育出现的问题进行分析是提升我国高校法治教育效果的基础。

一、重德育、轻法育的传统

“德主刑辅”的教育观念在中国源远流长，无论是中国古代还是现今社会，各级各类学校都非常看重学生的品德教育，不仅是学校，大到国家、社会，小到家庭都更注重孩子的道德与品行培养。但是这样的做法往往忽略了法治教育，使得一些学生接触法律教育的时间很晚，致使部分学生缺乏较强的法治思维。在中国封建社会，儒家思想统治了中国两千多年，其中“重德轻法”与“重礼轻法”的思想对中国人的思想影响深刻。再加上中华人民共和国成立初期经济落后，国家忙于经济，对法治的宣传不足，导致人们注重道德与礼的教育，没有对法治教育形成足够的重视。在中国的古代，法治思想也曾有过鼎盛的时期，比如先秦时期，那时的中国注重利用法律维护国家与社会的安定，但是当时的法律往往为了维护社会的秩序而忽略了人性。"'德主刑辅、出礼入刑、先教后诛'等是历代封建统治者遵循的治国方针。因此，在这种思想的长期影响下，中国古代民众普遍厌诉、畏惧法律。"[①] 人们不详细了解法律，对法律没有什么好感，在这样的情绪下，法治精神根本无法生成，更别说传承法治精神了。没有法治精神，使得人们更容易信服"崇德尚礼"，更加注重德育，造成恶性循环。从古至今，中国人都非常相信"以德服人"，美好的品德确实是中国文化中的优良传统，但是人们对德的过分重视势必会影响到现代法治精神的传播。因此，各高校要从学生抓起，大力开展法治教育，在保持学生对品德的正确认知的基础上大力发展法治教育，长此以往才能在人民心中树立起正确的法治观念，让人民既重德也重法。

分析道德和法律的性质，也可以探究"德育昌盛"而"法育"步履维艰的原因。从道德和法治的作用范围看，道德作用于人的内心世界，是人类精神文化的凝结，是一种非符号化的社会秩序，以观念的形式存在，体现在人们社会生活的方方面面。亚里士多德曾经说过："人的德性就是使人成为善良，并获得其优秀成果的品质。"[②] 而法律作用于人的外部行为，是统治阶级制定的社会秩序和规范，是一种符号化的规则体系，以强制手段要求全体社会成员遵守，只涉及社会生活的特定领域。从实施手段来看，道德对人的行为是一种"软约束"，主要凭借思想引导、说服教育、社会舆论或风俗习惯等来协调人们之间的行为和关系。法律是一种"硬约束"，主要凭借国家的强制力量来制约社会成员的行为。根据法律和道德在国家治理中发挥作用的大小，可以分为"法治"和"德治"两种国家治理方式。在新形势下，只有把法治作为治国的基本方式，同时注重用道德调节人们的行为，把依法治国和以德治国紧密结合起来，把法治与德治有机地统一于建设中国特色社会主义的伟大实践中，大力培养既有法治信仰又有高尚道德情操、既接受他律又能够自律的新人，才能确保经济社会协调发展和全面进步。在中国的历史传统中，一直以"人治"为主，主张"明主德政"，"德治"发挥着不可取代的重要作用，所以道德的教化作用在对人的教育中一直占据主导地位。几十年的法治建设历程要想扭转几千年"德主刑辅"的传统，短期内还很难彻底实现。以"德育"为主的传统一直在抢夺法治教育的资源，大学生的法治意识培养一直在与"德育"的竞争中求发展，步履艰难。现代法治不排斥道德的应有作用，同时注入了民主、自由、人权等新的价值元素，因此比中国传统的道德更符合时代特性

① 张社强．全面依法治国视域下我国公民法治教育研究[J]．广西社会主义学院学报，2015，26（3）：5–8.

② 亚里士多德．尼各马科伦理学[M]．苗力田，译．北京：中国社会科学出版社，1990.

与要求。因此，要想加强高校法治教育和法治意识培养的效果，就要确立法治的主体地位。

从个人层面看，道德修养一直是个人素质的基本组成部分。在先秦时期，儒家追求“内圣外王”的理想人格，这样的标准也随着儒家思想的传播被广大人民群众接受，为规范中国古代人民的行为起到了重要作用。现代社会中，精神文明依旧在人们规范自己的行为方面发挥着重要作用，因此国家、社会与学校一直倡导加强人民群众的精神文明建设。在中国传统文化与社会主义思想的结合下，我国人民的道德修养主要体现在爱国情怀、为人民服务、有担当、爱拼搏等方面。但是，我们很难用法律精神来衡量个人修养。在中国古代，法是管理人民的工具，人民畏惧法律；即使在现代，许多人根据某人是否遵守法律将其定义为“好人”或“坏人”，却很难用法治精神与意识去衡量个人的素质。

通过上面的分析，我们可以发现，即使是在法治宣传极为频繁的现代，部门人依旧保持着“重德育，轻法育”的传统思想，在一定程度上阻碍了法治教育的发展。因此，高校在进行法治教育时，不能忽视这样的历史文化传统，必须通过各种技术与理论的支持，克服这些传统思想的影响，在高校法治教育中做出重大进步。

二、教育内容、方式与社会发展脱节

现代社会中，人们往往对经济过于重视，这样的情况会导致教育发展与其脱节，因此市场经济体制下大学生的法治意识不足。自党的十一届三中全会以来，国家开始实施改革开放政策，逐渐淘汰了自给自足的小农经济模式，市场经济体制代替了原先的计划经济体制，这导致国家经济发展出现了翻天覆地的变化，人民的生活水平实现了质的飞跃。因此，虽然改革开放以来，加强经济建设一直是国家的重中之重，但是单纯追求经济发展却忽视了法治建设，导致中国的法治进步缓慢，人民法治意识的培养与经济发展的速度脱轨，无法满足经济发展的需求。随着经济全球化趋势日益明显，对社会主义法治体系建设提出的要求也越来越严格。尽管中国正在不断完善社会主义法治体系，但仍面临一些挑战和问题。社会不良风气会对法治思维的培养和大学生接受法治教育的意愿产生负面影响。

（一）高校法治教育方式与方法的创新性有待提高

就目前高校法治教育情况而言，大学生法治教育和法治意识培养还使用传统的课堂教学方式，由于有限的教学条件和缺乏法律专业教师，法治教育缺乏创新性，教学手段过时，教学形式单一。现阶段的传统教学模式既无法激发学生的学习兴趣，也不利于激励学生积极地接受法治教育。此外，部分高校缺乏相应的法治实践活动，这导致法律理论知识与实践脱节，使得学生难以形成法治意识。目前，各高校的法治教育方式和方法并不足以满足大学生树立法治意识的现实需求。尽管思想道德与法治作为公共必修课是大学生法治意识培养的核心领域，另外一些高校已提供法治大讲堂等辅助课程，可目前教学方法单一、缺乏多样性，导致效果不尽如人意。总的来说，部分高校在法治教育方面缺乏创新的教学方式和方法，无法跟上时代发展的步伐，不能有效地开展法治教育，这就导致学生的学习兴趣不高，参与度不够，无法达到预期的教学效果，也不能满足学生全面发展和国家建设的需求。此外，部分高校在依法治校方面缺乏能力，导致重视程度较低，而且专业师资力量不足。这些问题在一定程度上阻碍了高校法治教育的发展。

（二）高校法治教育的内容不适应学生个人和国家发展的需要

当今社会正处于科技飞速发展的时代，高校已不再是单纯的象牙塔，大学生已成为社会人，同样要接触复杂多变的社会现象。大学生不但要面对学习和生活，还要面对就业、择业甚至创业，与社会生活的方方面面都有牵扯不断的联系。大学生要面对和解决的实际问题也非常多，在处理问题的过程中也可能会应用《刑法》《婚姻法》《合同法》等法律，但对非法学专业的大学生来说，仅仅通过10余课时甚至更少的学习就达到对具体法律条文的掌握显然不切实际。对大学生进行法治培育的目的是让学生养成“自觉守法，遇事找法，解决问题靠法”的法治意识和思维模式。而目前部分高校中的法治教育多是蜻蜓点水，重理论、轻应用，在一定程度上不能满足大学生在实际生活中运用法治思维的需要。

三、高校法治教育供给侧与需求侧不匹配

在高校法治教育过程中，由于教育资源配置不合理，供给侧和需求侧不匹配的问题突出。“教育资源配置的生态化是教育资源在教育系统内部各组成部分之间的合理分配，是我国实现教育均衡、教育机会均等、教育相对公平的基本途径和前提条件。”[①] 目前，法治教育资源配置不合理，突出表现为国家、社会、高校作为教育供给侧和作为需求侧的学生的需求不匹配。受国家政策的影响，高校的

① 王奎宏．论教育资源配置生态化的法治思维[J]. 江苏高教，2015（2）：63-65.

法治教育存在一定的滞后性，与学生的时代需求不匹配。高校作为提供大学生法治教育的主要供给侧，在教学模式、师资队伍等方面还存在一定不足。社会作为大学生法治教育的辅助供给侧，在营造法治氛围、提供法治实践锻炼机会等方面还有很大的提升空间。作为需求侧的大学生思维活跃，求知欲强，易于接受新鲜事物，但对于掌握的法治知识还需要有消化吸收和实践应用的机会。因此，在大学生的法治教育中，还突出存在供给侧发展滞后，不能及时满足需求侧发展需求的问题，致使大学生进行法治学习的兴趣不高，法治意识培养进展缓慢，培育效果不理想。

（一）法治教育政策方面

法治教育政策滞后，与大学生的时代需求不匹配。高校法治教育是国家法治政策在教育领域的体现，紧随国家政策的变化而变化，具有相对的滞后性。1986 年我国开始第一个普法五年规划，至今已到“八五”普法规划时期。“四五”普法规划始于 2000 年，直到 2002 年才发布《教育部、司法部、中央综合办、共青团中央关于加强青少年学生法制教育工作的若干意见》，以贯彻“四五”普法规划的要求。2006 年“五五”普法规划实施。2011 年“六五”普法规划颁布，2013 年发布《教育部 司法部 中央综合办 共青团中央 全国普法办关于进一步加强青少年学生法制教育的若干意见》，指导学校实施“六五”普法规划的政策。2016 年 4 月“七五”普法规划实施，7 月发布《教育部 司法部 全国普法办关于印发〈青少年法治教育大纲〉的通知》，这是同步性最高的一次。2021 年，“八五普法”规划开始实施，中央宣传部、司法部提出要“加强青少年法治教育。全面落实《青少年法治教育大纲》，教育引导青少年从小养成尊法守法习惯……推进教师网络法治教育培训，5 年内对所有道德与法治课教师进行 1 次轮训。探索设立‘法学＋教育学’双学士学位人才培养等项目，加强法治教育师资培养……推进青少年法治教育实践基地建设，推广法治实践教学和案例教学”[①]。

从国家普法规划的颁布和青少年法治教育政策的发布来看，法治教育领域的政策更新存在一定滞后性，到学校贯彻实施教育政策还需要一段时间。因此，高校在实施法治教育的过程中，受政策更新速度的影响，法治教育的内容更新也相对缓慢，不能及时反映社会的变化和大学生对法治教育内容的需求。

① 新华社．中共中央 国务院转发《中央宣传部、司法部关于开展法治宣传教育的第八个五年规划（2021 － 2025 年）》[EB/OL]（2021—06—15）[2023—06—20].https：//www.gov.cn/zhengce/2021—06/15/content_5618254.html.

（二）法治教育方式方面

高校法治教育方式较为陈旧，与大学生活跃的思维方式不匹配。目前，在中国的高等教育中，法治教育仍以课堂教学为主，已很难与大学生渴求创新、厌恶成规的心理相匹配，因而学生容易出现学习兴趣低迷、学习态度敷衍的状况，导致教学效果不佳。在中国，现在高校法治教育面临的一大困境就是无法突破陈旧的教学模式。高校连年扩招，导致在校生人数屡增不减。我国的高等教育在由精英教育逐渐向大众教育过渡，这样的变化一方面会使国民的综合素质不断提升，另一方面会使学校产生更大的教学压力。教育部要求高校思政教师与学生的比例不低于 1 ∶ 350，但目前部分高校无法达到这个要求，情景式、互动式、合作式的新型教学方式都因学生过多而无法使用。

（三）教师资源配置方面

教师资源配置欠合理，非专业教师与学生对专业法律知识的需求不匹配。教师的教学态度、专业知识、教育技能直接影响高校学生接受法治教育的效果。事实上，目前中国部分从事大学生法治教育和法治意识培养工作的教师没有接受过系统的法律教育训练，因此在讲授法治意识培养部分的内容时，只能蜻蜓点水，点到即止。即使是在讲述一些案例时，也往往浅尝辄止，由于法律专业知识不足，不能进行深入的分析和讲解。对学生来说，刚被案例激发起的学习兴趣，由于授课教师专业知识的欠缺被迫中断，从而降低了学习兴趣。可以想象，一个不具备基本的法律知识和法律分析推理能力的教师无法成功地讲授法治教育课程，更难以满足学生对法治相关知识的渴求。

（四）社会法治文化氛围方面

社会法治文化氛围不足，有法不依、执法不严或知法犯法的情况与学生理想的法治社会图景不匹配。

有学者指出：“在描述的意义上，法治社会是指一种由国家法律和社会自生规则共同缔造良好秩序的社会状态，以社会组织为主体的社会自治是其存在和运行的主要机理。”[①] 大学生接受法治教育的动力正是基于对良好秩序的社会状态的期盼，在这种期盼中，法治社会应当体现自由、平等、公正、法治等价值理想，以实现全体社会成员对美好幸福生活的追求目标。然而，现实社会中不时出现与法治社会相背离的社会现象，部分人意识不到社会行为与法律制度之间必然的因果

① 庞正．法治社会和社会治理：理论定位与关系厘清[J]．江海学刊，2019（5）：155–162．

关系。缺乏法治文化氛围，与学生理想的法治社会图景不匹配，降低了学生的学习兴趣。

（五）社会法治教育实践方面

社会提供的法治教育实践机会不足，不能满足大学生应用法治知识的需求。目前对非法律专业的大学生来说，获得法治教育实践的机会较少。部分学生只能在学校的法治教育课堂上以受教客体的身份被动地接受教育，获取的法治知识很难得到应用，这些知识只能是死知识，时间一久便成了废知识。与大学生“英雄无用法之地”的情况相反，社会需要大量的法治宣传员，通过“进机关、进乡村、进社区、进学校、进企业、进单位”等形式宣传国家的法律知识。真正缺乏的是两者的有效对接。例如，可以将青少年普法活动与学生的社区参与活动相结合，使学生成为社区普法和家庭普法的“宣传员”和“行动者”。有关部门应通过合理的规划和设计，使高校和相关法治部门、社会组织相对接，定期、合理地为大学生安排一些法治实习的岗位，既能满足社会进行法治宣传的需要，又能为大学生提供应用法治知识的机会，使学到的法治知识能够活学活用，真正起到提升大学生法治意识的作用。

总的来说，国家、社会、学校要为大学生搭建良好的法治教育平台，使学生在良好的法治氛围中有所观、有所感，才能对法治有所学、有所获，从而真正提升法治意识水平。大学生在学习和生活的过程中会遇到很多需要运用法治思维解决的问题，可能会涉及《合同法》《知识产权法》等。非法律专业的学生对这些法律条文的掌握有限，供给侧需要提供给需求侧的不是具体的法律条文，而是教会大学生在遇到这类问题时能够用法律去解决问题，知道通过哪些法律途径去处理问题的方法。高校的法治教育和法治意识培养要进一步贴合大学生的实际需求，供给侧和需求侧的不匹配会造成资源浪费和效率低，这也正是当前高校法治教育亟须改变的现状。

第六章　高校法治教育与法治意识培养策略

本章主要介绍了高校法治教育与法治意识培养策略，分别从以下四个方面进行了叙述：学生能力提升、课程系统建设、校园环境建设、社会实践路径。

第一节　学生能力提升

高校法治教育与法治意识培养的最终目的是让学生形成法治观念，遵法守法，懂得依法维权，因此提高大学生的法律知识掌握程度、运用法律的能力是高校法治教育与法治意识培养的重要策略。

一、培养尊法意识

（一）树立对法律的敬畏之心

人应当有所敬畏，所谓无知者无所畏惧，一个人如果无所敬畏，将会十分可怕。无所敬畏意味着没有底线，没有底线就会为所欲为，就不受任何规则的约束，这显然是与法治水火不容的。大学生只有形成对法治的敬畏感，才能三思而后行，才能做到“从心所欲，不逾矩”。当然，这里的敬畏是一种由“敬”而生的“畏”，这种敬畏是建立在法律基础上的。大学生对法治的敬畏感是建立在对法律和法治高度的认同感、信任感的基础之上的，试想如果连最基本的信任感都没有，是无论如何也不可能产生对法治的敬畏感的，没有了信任也就意味着无足轻重，更谈不上对法治的敬重和畏惧之情。相反，如果不是由“敬”而产生的“畏”，这种“畏”是心理上的恐惧，是受恫吓的被动的畏惧，是极不舒服的心理体验，即使有一时顺从也不是发自内心的心悦诚服的认同感。敬畏是建立在道德基础上的，是一种乐意的愉快的心理体验。对于一个人，如果只是感受到一种简单的畏惧而没有什么值得敬重之处，那么即使服从也只是一种诚不得已而为之的服从，并不是出于一种真正的认同感、信服感。这种顺从是被动的、不持久的。起初，人们会想办法避而远之，无法避之也会选择暂时隐忍，隐忍不能时就会爆发出来，达到崩溃之际，社会将承受严重失序的混乱结果。大学生对法律的情感是一种由敬而生的畏，前提是敬，在这种情感下的认同才是发自内心的认同，具有持续性和相当的弹性与限度。

真正的法律信仰就在于让每个社会公民都敬畏法律，对法律法规心存敬畏之情。当社会成员普遍把法律法规看作高悬于头顶之上的达摩克利斯之剑时，就表明对法律法规的敬畏之情已深入灵魂深处，遵纪守法自然水到渠成，而法治社会也就顺理成章地形成了。大学生如何看待法律的神圣性、公正性以及权威性，直接决定了大学生的法律敬畏感如何。这种敬畏感，不仅是大学生对法律规范及法律程序的敬畏感，更是对法律价值的敬畏感。对法律规范、法律程序以及对从事法律教育工作的敬畏感，只有上升为对法律价值敬畏的高度，才能得以巩固和持久。

（二）自觉维护法律权威

1. 树立和维护法律权威的重要性

法律权威是树立法律信仰、实现法治国家建设的关键因素。法律权威是指，法律在国家治理体系中拥有至高无上的地位，任何人都应该严格遵守法律，依法办事。法律的权威性，使得专制独裁等在法治国家根本没有立足之地。大学生应树立法律权威意识，监督政府机关、组织和个人不得逾越法律，具有超过法律的权力。法律的权威性是外部强制力和内在说服力的统一。不管是任何组织或个人，都不能凌驾于法律之上，任何人触犯法律都会受到法律的制裁。法律的内在说服力在于法律获得公民的理性认同。这要求做到良法善治，即通过科学立法，制定良好的法律；在法律实施的过程中做到公平、公正、合理。只有公正的法律才会得到他人的信服，只有这样才能维护法律权威。

我国要改变由权力或完全由市场主导改革的局面，使其逐步变成由法治主导改革，更加趋向于公平的社会。法治与公平紧密相连，公平是法律权威的价值基础。法律认同是因为法律能够满足人们的利益期待和价值需求，能够有效实现保障权利和限制权力的社会目标，从而使公民发自内心地产生对法治的自愿服从、尊重和信赖之情。由此可见，人们选择法治本身就是社会成员之间达成的一种理性共识，法律认同自然与树立社会权威紧密相关，其正当性基础是建立在民众的内心响应—理性权衡—政治共识的达成这一基本逻辑根基之上而形成的。

2. 法律权威形成的内在机理

（1）内心响应

权威的力量一方面来自权威自身的感染魅力，另一方面需要民众对权威的内心响应。权威不可能仅靠强制力树立，即使靠某种外在强制力树立了一时的权威，也难以达到长久的权威、真正的权威。权威的约束力，依赖被约束者认为妥当的其他理由，依赖正当化论证，依赖内心响应。而内心响应形成的心理定势，不是一蹴而就的，而是依赖长期约定俗成的权威法治文化传统。法治认同本身就是遵从法律、信守传统的结晶，是民众对传统和惯例的认可与接受。从文化传统上说，权威可以分为人格化权威和非人格化权威。人格化权威是一种传统社会中人治下的权威，靠的是个人魅力。随着我国改革开放以来政治、经济、文化、社会的发展，人们不再信服个人魅力，人格化权威几乎销声匿迹，普遍展现出非人格化权威。法治是一种比较具有共识性的非人格化权威，民众对法治的内心响应和普遍信服是一种历史的选择和推动，是一种权威的引领和带动，非人格化权威正处于形成之中。因此，当今社会树立权威的正当性基础首先在于民众对法治认同的内心响应，尤其是对非人格化权威的自觉服从和遵从，这是权威具有约束力的心理定势基础。

（2）理性抉择

柏拉图所期待的“哲学王”、庄子所倡导的“内圣外王”，着眼点都是理性权威而不是实有权力。法治状态下的公民自愿遵法守法就是内心经过权衡比较最终服从于理性权威。在法治认同的过程中，人们会不自觉地掺入道德评价的因素，总是从自己的道德情感出发，做出符合个体和社会道德情感的评价和抉择。

但人都是社会中的理性之人，在个体道德情感的评价和抉择并不总是符合法治判断的情况下，人们总是会运用理性进行权衡和比较，试图克服不符合理性判断的选择，最终做出一种在个人道德情感和理性权衡之间妥协的最佳选择。法治是实现理性的载体和必由之路。因为法治具有规则性和程序性、预期性和确定性，人们知道该如何做和为什么这样做，人们根据法治的指引可以预测到自己行为的后果，使未来社会发展演变成一个可以确定的规则运行的过程，人们的行为变得可以确定起来，国家与社会形成了一种让人们自愿服从和尊重的权威形态，当然这种权威形态是非人格化的法理型新权威，已经截然不同于以往传统社会中的个人魅力型的精神领袖权威。在此过程中，理性权衡始终起到了引领和把握的推动作用。

（3）政治共识

作为法律概念的法治，实际上是指一种法律文明秩序，即社会框架、人的行为、交往、活动皆以法律为依归。法治同法律一样带有政治意识形态属性，法律意识的阶级性不再是主要的问题了，但人们法律意识上的不同政治倾向性或者价值性还会存在。不管人们是否深刻地意识到了这个问题，法治与政治意识形态都始终并存着，一旦谈到法治问题，便不可避免地会涉及政治意识形态属性问题，也恰恰是政治意识形态属性问题使得法治更加步调统一，使得法治具备了灵魂和统帅。中国法治必须基于中国的文明传统，它一定有着与西方法治截然不同的结构和气质。中国法治需要一种政治向心力。政治意识形态是最能团结人心的，当今我国社会主义法治深受马克思主义主流意识形态和社会主义核心价值观的引领，凭依政治属性和政治向心力能最大化地凝聚人心、形成共识、树立权威，这种层面的共识和权威是一种政治共识和政治权威，从而使法治承载了反腐倡廉、稳固国权、使国家繁荣发展、通向未来的历史重任，承载了中华民族伟大复兴之中国梦。法治在党的十八届四中全会之后受到空前追捧，法律权威达到了一种前所未有的高度，法治话语因为这种时代属性和政治共识而成为一种主流话语体系和主流意识形态。

3．自觉树立和维护法律权威的策略

（1）树立大学生的法律权威意识

权利意识是一种法治意识，权利意识与法治意识两者是双向互动的关系，增强权利意识能够提高法律的权威，而法律权威的增强又能反过来促进人们权利意识的提高。因此，一方面，要加强法治教育，使大学生掌握我国的法律法规，并深入开展各种法律实践活动，加深他们对具体条文的理解，真正认识到法律的权威性，从而树立正确的法治意识，提升其树立维护法律权威的自觉意识，形成坚决抵制“权大于法、人情大于法”的观念；另一方面，国家要扩大法律的覆盖面，在人民遇到法律纠纷等问题时实现有法可依，国家机关和政府公职人员要做人民的表率，做到有法必依、执法必严、违法必究，以帮助大学生树立对法治的信心，使得大学生具有坚守法律正义、切实维护我国宪法和其他各项法律规定的责任感。法律权威意识强调法律高于一切，摒弃以往的“人治”观念，强调法律的权威神圣不可侵犯，能够帮助大学生规范自身言行举止、勇于承担法律责任，从而能够守法、护法。

（2）在学法、信法、守法、用法、护法中维护法律权威

首先，大学生要努力学习法律知识，掌握法律条文。在学习法律知识时，不

仅要掌握、理解法律知识，还要利用各种手段去宣传法律，逐步转变人们的法治理念，使人们树立一种法律为我所用的观念，了解法律在我国的重要性和权威性，逐步形成全社会尊重法律的风气。其次，大学生要努力树立法律信仰。法律信仰会让人们在内心深处产生一定的认同感，在实际生活中会自觉地维护法律的权威和尊严。最后，在遇到违法行为时，大学生要敢于挺身而出制止，对违法犯罪、侵害人身权利的行为要用法律来制裁与判定，与一切破坏社会和谐的违法犯罪行为作斗争，营造良好的社会环境。

二、培养守法行为习惯

（一）提升守法层次

这里的守法层次是以守法主体行为与法的形式要求和实质要求契合的程度为标准的。我们将守法层次由低到高大致分为三种类型：守法的最低层次、守法的中级层次和守法的高级层次。

守法的最低层次是做到不违法。这一层次的守法心理是，守法主体对法的态度是不肯定、不确定、否定的，其守法是被动、不情愿的，往往以抵抗或消极的心态去遵守法律，并不是主体的内心自觉，因此不是法律真正的“主人”。

守法的中级层次是以积极的、肯定的心态遵守法律，依法而为。这一层次的守法虽然做到了既履行法律规定的义务，也行使法律赋予的权利，其履行义务不是来自外界强制而是出于自我强制，但毕竟把守法看成一种义务，其在内心深处未能完全实现法的内化过程，这时的守法主体还不是严格意义上的法律的“主人”。

守法的高级层次是守法主体的守法是出于内心的自觉自愿，是一种愉悦的体验和内在的精神追求，不论是从外在的客观行为考量，还是从内在的主观动机考量，都与法的精神和要求相契合。这一层次的守法主体是以法的“主人”的姿态自觉、主动、积极地遵守法律，并且完全实现了法的自我内化的过程。守法主体严格履行法律义务，充分行使法律权利，从而真正形成了高度自觉的守法精神。在一个法治国家中，公民守法的实质不再单单局限于法律规范得到人们的贯彻实施，而是主要看是否从内心深处产生对法律的尊崇。自觉守法是实现依法治国的重要保证，也是现代法治国家的重要标志。当前我国全面推进依法治国，必须在全社会培养以自律为基础的守法意识，使人们发自内心地对法律形成信仰与崇敬，并把法律内化为行为准则，主动、积极地遵守法律，做到自觉自愿守法。

（二）树立守法精神

当今社会，公民守法的动机是多种多样的，有出于习惯的、道德的、利益的、外界强制的等多方面因素。但是，在多样化的守法理由背后，一定存在着某种稳定、恒久不变的因素，乃是守法的最为根本的力量。它构成了法律得以有效实施的内在根基，构成了公民守法的前提。这种力量就是公民的守法精神。守法精神的生成必须具备两个条件：其一，公民的主体性意识。一个社会的良性运行仅仅靠国家的强制和公民的被动守法是不行的。其二，公民的主观自发性。主观自发性是指人尊重和遵守某规范只是因为它是规范这一唯一理由。这种“无规范外强制”是法与伦理分化的结果，也是法从“来自外界的强制”中独立出来的结果，是人类法律意识发展中最高精神所在。那么，如何树立守法精神？

1．增强公民意识

公民是国家和社会生活中最基本、最普遍的主体，是政治、经济和社会文化关系的承载者。社会主义精神文明建设的根本目标和方向，就是培养守法公民，树立公民的法治精神。这就要求每个公民以主人翁的姿态，积极行使法律权利，自觉履行法律义务，树立公民意识和观念。公民意识主要由合理性意识、合法性意识和积极守法精神与公共精神构成。合理性意识是公民对制度合理性、正当性的价值判断和确认；合法性则是公民拥有的价值判断与现实制度吻合后，对制度的有效性、权威性的肯定和认同；积极守法精神和公共精神是在前两个因素的基础上形成的普遍有效的社会精神。

2．强化规则意识

第一，坚决与“潜规则”作斗争。俗话说：“不以规矩，不成方圆。”规则是社会公众普遍遵循和认同的行为规则。规则也必须是公正、公平、公开的，否则将会成为“潜规则”。各行各业各领域都有相应的办事原则、制度规则，但在种种公开的规定背后存在着一套与宣称的正式原则、制度不符甚至相悖的“规矩”，这就是所谓的“社会潜规则”。很多时候恰恰是这些“潜规则”排斥正式规则的运行，发挥“劣币驱逐良币”的作用。强化规则意识，就是要巩固良法善规的权威地位，除掉“潜规则”毒瘤。

第二，要依法加强和改善各领域各行业的规则建设。市场经济是规则经济，讲规则守信用是市场经济健康运行的基本要求。虽然改革开放以来经济社会取得了巨大发展成就，但很多规矩、规则的建设并没能在改革伊始就得到科学的判断与设计，随着既得利益集团的逐渐形成，更是壁垒重重，积重难返。一些使社会内耗变大的既得利益集团如今已经成为中国经济社会继续向前发展的绊脚石。为此，必须拿出壮士断腕的勇气和决心，依法加强和改善各领域各行业的规矩、规则建设。在校大学生应当从自觉遵循与自身紧密关联的学校规则做起，如《大学生守则》《研究生入学考试行为守则》等行为准则，树立对法律与规则的敬畏感，增强规则意识。

3. 树立守法意识

一个社会法治进步的标志，常常可以通过守法的状态表现出来。守法是法治社会对社会公众最基本的要求，作为社会主体积极主动、自愿自觉遵守法律的一种社会活动，守法活动是守法意识的外在表现形式。在生活中，我们应树立无条件遵守法律的意识，因为在民主政治中，一个公民可以质疑某些法律，并通过政治过程寻求对它的变更，但是，直至这项法律被变更，它都应该受到公民的服从。我国由过去的“法制”到现在的“法治”，虽然只是一字之隔，但含义千差万别。在一个法治社会，仅仅有法律是不行的，关键在于将其付诸实践，而其中守法就是法治的核心和灵魂所在。守法意识对于法律对社会生活的规范作用而言是非常重要的。法律是个体在社会生活中行为的底线准则。在法治国家，主体都能自觉地将法律作为自己的行为准则，并以此规范、约束自己的行为，评价他人的行为，从而维护社会的正常秩序，促进社会稳定、健康、和谐发展。当代大学生是未来社会建设的中坚力量，也是全社会道德层次较高的群体，而这一群体守法意识的提升必定会极大地提升全社会成员守法的践行程度和质量，且无疑将会长久保证社会的稳定。

（三）以身作则，遵纪守法

就某种程度而言，法治可以被看作文明生活的一种方式。在一个法治化的社会中，每个人都会自觉地遵守法律，因为遵守法律已经成为整个社会的共同信仰。为了有效遵守法律，我们需要先认同法律的重要性，即信守法律，而信守法律的核心在于法律所体现的以人民为中心的价值观念和司法机构对社会公正与正义的真正维护。

当前，我国全面推进依法治国，建设社会主义法治国家，而依法治国的前提就是全体公民自觉自愿遵纪守法。遵纪守法是每个人遵守的基本准则，也是维护社会秩序的重要条件，在社会层面提出了“法治”的要求。此外，遵纪守法不仅属于法治范畴，还属于道德体系范畴。早在 2001 年，中共中央印发的《公民道德建设实施纲要》提出“爱国守法”，社会公德要求“遵纪守法”，社会主义荣辱观要求“以遵纪守法为荣，以违法乱纪为耻”。社会主义核心价值观中的“爱国、敬业、诚信、友善”等是道德层面的倡导和要求，与“法治”的倡导密切联系、相互促进。

改革开放以来，我国社会主义法治领域虽然取得了很大的成就，但在公民的遵纪守法上仍存在一定的不足，制约了我国依法治国进程的推进。当代大学生将来要成为国家社会主义事业的建设者和接班人，应该积极主动学法、尊法、护法、守法、用法，以身作则，遵纪守法，用自己的实际行动来引导大众树立正确的法治观，为全面深化改革、全面推进依法治国和实现中华民族伟大复兴的中国梦创造良好的法治环境。大学生不仅要自觉遵守校规校纪，而且要在社会生活领域以身作则。例如，带头遵守交通规则，杜绝“中国式过马路”现象；带头帮助遇到困难的行人，破解“扶还是不扶”的道德与法律的难题；等等。法治中国的建立，需要每一个人自觉遵纪守法。当全民守法形成之时，便是法治中国建立之日。

三、学会正确使用法律

（一）正确行使法律权利

法律的本质就是实现公平正义，以保障最广大人民群众的根本利益。因此，从某种意义上说，法律就是调节现代社会主体利益分配的工具，人们可以通过法律来实现自身的利益。而法律的这种利益的调整是通过规定公民的权利和义务来实现的。法律不仅规定了社会主体应该承担的责任义务，更明确了社会主体应该享有的权利。现代法律体系是以权利为本位和导向的，它规定了人民享有的权利，并积极鼓励引导人们通过法律维护自身的权利、保障自己的利益。而用法行为则是权利意识的一种外在表现形式，即在自己的权益受到侵犯时，能够积极地通过司法程序来解决纠纷、保障利益。正确行使权利必须树立权利与义务相统一的观念。权利是在法律对社会主体做出的一定行为进行的许可和保障。而义务是法律对社会主体行为的一种约束，以及不履行义务时应承担的责任。权利和自由都是相对的、具体的、受限制的，世界上不存在绝对的、抽象的和不受限制的权利和自由。法律权利与法律义务具有相对性、对称性和一致性，没有无义务的权利，也没有无权利的义务，二者相互依存、相互对称、不可分割。一方面，如果主体只重视自己的法律权利，而忽视他人的权利以及自己应履行的义务，那么只能产生损人利己和损害社会公平正义的行为；另一方面，如果只强调法律义务，而忽视应有的法律权利，那么如果这种法律义务没有转化为受内心驱使的道德义务，这种行为就具有被奴役性质，是不可持续的。根据《宪法》的规定，我国公民平等地享有权利并需要履行义务，没有人可以只享受权利而不履行义务，也没有人可以只履行义务而不享受权利。权利和义务的一致性表现为二者的目的是一致的，在满足人的需要、实现利益分配上殊途同归。因此，社会公众应深刻正确理解权利和义务的对等关系。一方面，社会公众应积极参与社会公共生活，在日常生活中享受权利并履行义务；另一方面，要使人民群众树立起法律上的对等思想，即在享受权利的同时履行义务，让群众切身感受到既没有无权利的义务也没有无义务的权利。

作为社会行为主体，大学生在校期间依法享有的权利是多种多样的，主要体现在：参加学校举办的各种活动；参加由学校提供的各种类型的社会实践活动、勤工俭学；在校内组织文艺、体育活动等。大学生在校期间依法履行的义务主要有认真遵守法律法规和学校规定的管理制度等多方面。这些权利和义务是对应统一的，规定的目的是一致的。权利的规定是为了让大学生更好地享有受教育权，目的是育人。义务是党和国家对大学生最重要、最基本的素质要求，是大学生必须履行的最低限度和最主要的社会责任，其目的也是育人，促进大学生成才。权利和义务之间是相辅相成、互相制约的，大学生权利实现越有保障，义务的履行则越有可能；大学生越自觉履行义务，权利则越有保障。因此，大学生在正确认识、行使自己的权利来维护自己的合法权益时，必须自觉履行相应的义务。

（二）学会运用法治思维

法治思维蕴含但不等同于法律思维。法律思维是指利用法律基本概念、法律方法对社会问题进行逻辑的、理性的分析的思维方式。法律思维对法律职业来说显得更加重要。与法律思维相对应的是经济思维、政治思维、行政思维等。法治思维是以社会主义法治精神为基础，以限制权力的滥用为出发点，要求维持权力与权利之间的平衡，视权利为本位，以保障权利的实现为核心，让权力在法律范围内行使的思维方式。法治思维包括规则思维、公平正义思维、权利义务对等思维、权衡思维以及证据思维、程序思维等。“法治思维是‘疏’而不是‘堵’，不是‘不好办’而是‘按法办’‘依程序办’‘更好办’。”[①] 与法治思维对立的是人治思维。人治思维追求特权意识、权力至上，由于历史文化传统和现代市场经济产生的负面影响，人治思维已经渗透在人们生活的各个领域，依然有很大的市场。

① 蔡晓卫．论高校大学生法治思维的养成[J]．中国高教研究，2014（3）：76–79．

在全面推进依法治国的新常态下，国家高度重视法治思维和法治方式的运用，努力让法治成为公民生活的一部分，让法治思维成为未来社会的主流意识形态，让法治方式成为社会治理的主导手段。因此，必须强化法治思维，使人们形成用法律的方法思考、分析、解决问题的行为习惯。

1. 树立法治思维

树立法治思维，必须树立程序思维、权衡思维、权利意识与责任意识的统一思维等。

（1）培养程序思维

程序是为进行某项活动所规定的方式、步骤和次序。方式、步骤和次序是不以人的意志为转移的，排除个人好恶和偏见等的影响，也试图排除外在的包括权力的所有干扰。程序是法治和恣意而治的分水岭，它不仅设置了步骤和方式方法，更关键的是借助流程管控实现了组织分工和制衡。程序的公开性、透明性，保证了公职人员的权力可以受到大众的监督，让权力在阳光下进行。对于在校大学生，在行使法律权利、表达合理诉求时，也必须树立程序意识，按程序办事。

（2）树立权衡思维

权衡思维就是在用法治思维处理问题时，必须全面看待问题，权衡各方利益，做到统筹兼顾。例如，法治追求的法律价值是多元的，包括秩序、人权、公正、自由等价值，在几种价值追求发生冲突时，就涉及价值平衡问题。社会主义核心价值观包含 12 项核心价值，除此之外，还有许多非核心价值值得我们追求。当核心价值之间、核心价值与非核心价值之间在某种情况下发生冲突时，也要有平衡思维，切不能依据个人的利益得失、兴趣爱好和价值倾向决定取舍。

（3）树立权利意识与责任意识的统一思维

对我国公民来说，公民既是权利主体也是义务主体。当代大学生需要为自己树立权利意识，树立权利意识要求大学生在进行活动时既要保障自身的权利，也要重视他人的权利；在进行活动时，既要利用权力意识注意自己的权利是否被侵犯，也要关注自己的行为是否侵害了他人的合法权利。通过权利意识的培养，大学生既可以保护自身的权利，也可以避免破坏公共利益。大学生还应当不断培养自身的责任意识，意识到自身身处社会需要承担责任与义务，责任意识包含义务，大学生作为社会主义接班人要严于律己，积极履行相应的义务，不做与法律规定相违背的事。除了履行法律要求的义务外，大学生还应当承担家庭责任与社会责任。只有将权利意识与责任意识相结合，才能对他人与自身形成最好的保障。

2. 加强法治方式培育

法治思维和法治方式是相辅相成的，前者是指我们对法治的认知和理解，后者则是我们在行动中对法治思维的外在表现。培养法治方式，可以强化我们解决问题的具体行为模式，形成“一切行动遵循法律法规、遇到问题及时寻找法律途径、采用法律手段解决矛盾”的行为习惯。

法治方式培育强调的是动态治理，它建立在法治思维的基础上，既要重视依法治理，也要注重向社会普及法治理念和教育。通过法治教育，我们的目标是将法治理念贯穿日常生活，使其深入融入社会实践。我们希望每个人都了解法律、遵守法律、使用法律、保护法律，并将法治思维应用于世界观、人生观和价值观的培养中。

培养法治思维需要合理地运用法律法规和程序。尽管法治方式是一种具体的行为方式，但其必须以法律为基础来解决特定问题，而不受道德、宗教、政治等其他因素的影响。大学生在运用法律方式时必须遵循法律和法治原则，无论是行使自己的权利还是解决纠纷。必须确保采取的措施符合法律和法治原则，确保主要问题和矛盾不会违反法律基本要求。只有对社会状况进行全面考虑，才能做出公众认为公平、合理的决策。

（三）增强用法能力

法律能力在大学生的法治意识中处于较高的地位，大学生学习法律的目的是在生产生活中使用法律。这就对提高其用法能力提出了要求。增强用法能力的前提是守法能力的培养，要使大学生养成依法办事、遵纪守法的良好习惯。在此基础上，从以下几个方面提高用法能力。

1. 法律预见能力

法律预见能力是指人们可以通过法律来预判自己做出某种行为的后果。法律预见能力首先可以防止人们违法犯罪；其次可以让人们的生活与工作正常地在法律保护下正常运行；最后可以使人们懂得在出现不利因素时如何用法律捍卫自己的权益。

2. 依法决策能力

依法决策能力是指当公民、集体和国家在进行某种决策时，要以法律思想确认这种决策是合法的，并且决策要以维护国家利益为前提，坚决杜绝以个人好恶为准则无视法律的决策行为。对于依法决策能力的培养，必须以领导干部为关键点。我国各级领导干部在法治建设过程中发挥着不可替代的作用，但是一部分领导干部依然存在着法律意识薄弱的状况。必须坚决纠正和解决法治决策不彰的问题，健全依法决策机制；必须学会运用法治思维和法治方式，培育决策能力、提高决策水平，切实解决违法决策、随意决策、拍脑袋决策等问题，确保依法决策；必须让群众更多地参与到与他们自身利益相关的决策过程中；建立起重大决策的审查机制和责任追查制度，强化对行政权力的制约和监督。

3．法律表达能力

表达能力即语言表达能力和文字表达能力。法律表达能力是法律人才必备的重要能力。准确、精练的表达是法律人才必须具备的职业技能素质，而深刻的、雄辩的、创造性的表达则是法律人才优秀的法律思维能力和高超的法律表达能力的具体体现。对大学生来说，法律表达能力主要是指在法律相关活动中能够准确、完整、真实地表达自己的思想和观点，要求大学生在自身的合法权益受到侵犯时，能根据法律事实与法律规定，积极阐述自己的合法观点。

4．依法维权能力

依法维权能力是指当自身的合法权益受到侵犯时，能够利用法律维护自己的权益，并对已有损失索要一定补偿。对于大学生，首先要树立依法维权意识。合法合理维权不仅是对自身权益的保护，更是对社会秩序的一种维护。作为社会的重要群体，大学生有责任、有义务去发声，向侵权说不。其次，提升依法维权能力。高校可尝试开展形式多样的主题教育，增强大学生的维权意识，及时普及相关法律知识，让学生明确维权概念及正确的维权方式，关注维权，从而主动维权。

法律生命在于实践。针对高校法治教育，应秉承“以学生为中心”的教育思想，为学生提供广泛的法律实践参与机会。学校在制定学生教育管理的规章制度时，应该积极鼓励学生参与，并认真倾听学生的意见和建议。学校应该充分承认学生的贡献，对于学生提出的在实践中可行的建议和意见，应该积极采纳并纳入相应的管理条例。此举有助于使学生更好地理解法律法规的实际意义，懂得运用法律和规章制度自我约束，维护自身的权益，同时能够更好地履行公民义务。法律实践活动能够激发大学生对法律的信仰，使其在实践中体现信仰指导行动的原则。

四、养成保护法律的意识

（一）增强大学生的护法意识

1．树立护法意识

护法意识指的是公民自觉遵守法律并维护我国法律的权威性。护法意识对于社会主义发展极为重要，它为依法治国与社会主义法治社会建设提供了内在动力。护法意识的形成要在信任法律的基础上才能形成，只有做到信法守法，才能自然而然地产生护法意识。然而，大学生的护法意识比较薄弱。长期以来，我国的法治宣传教育强调公民知法、守法，没有重视培养公民的护法意识，把维护法律权威的重任仅仅赋予有关的国家机关，忽略了人民群众维护法律的热情和力量，由此造成公民护法教育的空白，影响了其护法意识的形成。培养公民的护法意识是社会主义法治建设的现实需要，也是社会主义性质的必然要求。

护法活动是护法意识的实践表现，护法活动是对法治理想的积极追求，护法活动在生产生活中可以体现为当法律滞后于社会需求与利益关系的发展，公民能够在尊重法律权威的前提下利用立法参与途径或司法审查机制表达变革诉求、推动法律发展。所以护法活动不是单纯地遵守法律，如果只是单纯的不触犯法律、不做出违法行为，不能算作护法行为，只有积极主动地追求法治的行为才能算是护法行为，它需要人的主观能动性，需要人有意识地主动参与。我们之所以要培养护法行为，是因为具有护法行为的人能积极主动地参与到法律活动中，可以积极主动地维护自身合法权益，利用法律武器与侵犯自身合法权益的行为作斗争，积极主动地维护法律的权威，绝不向任何违反法律的行为妥协。知法守法是国家与社会对公民的基本要求，而护法行为则代表着公民积极主动性地参与到法律事件中，代表着公民的主动性与自觉性。因此，培养并强化公民的法律意识，最终达到培养公民的护法行为的目的，是社会主义法治建设的重要一步。

2．坚持正确的维权原则

大学生要利用法律意识与法律事实树立起正确的维权观念，将维权观念贯穿维权过程，并用维权原则指导维权过程。大学生的维权原则主要有合法原则、合理原则和最优选择原则。

（1）合法原则

合法原则是大学生维权原则中最基础也是最主要的原则，大学生对自己的权益进行保护一定要合理利用法律，在法律允许的范围内通过法律规定的程序对自己的权益进行维护。合法性原则包括：大学生对自己维护的权益必须是合法的，法律仅保护法律条文中规定的相关权益，法律不会对未提及的权益进行保护；大学生在维权时采用的方式与程序也必须合法，不得擅自采用法律允许之外的方式对权益进行维护，必须按照相关部门规定的程序进行维权，若维权过程不符合法定程序，可能会导致维权失败。

（2）合理原则

合理原则要求大学生维权必须遵守道德准则。注重道德一直是中华民族的传统美德，作为中国大学生，在维权时一定要遵守基本的社会道德和风俗习惯，切不可为了维权而破坏社会公德。

（3）最优选择原则

当大学生的权益受到侵害并决定对自身权益进行维护时，大学生应当从自身利益最大化的角度进行维权。在维权时，最优选择原则要求大学生做到以下几点：第一，在权益受到侵犯时，要遵循生命健康权的利益大于财产权的利益的原则进行维权；第二，应当遵循长远利益大于眼前利益的原则进行维权。只有遵循最优选择原则，才能使自身权益受到侵害时将损失降到最小，避免为了维护影响较小的权益而损伤了影响较大的权益。

大学生群体是这个社会中较为特殊的一个群体，他们正处于成熟与不成熟之间，虽然大部分大学生已经成年，但其社会经历依旧比较缺失，为此大学生要想更好地维护自己的权益，应当在以下几个方面做出努力：第一，增强自身法治意识，不断学习法律内容。当大学生在日常生活中的合法权益受到侵害时，一方面说明大学生的法律意识还较为薄弱，另一方面说明大学生的维权意识需要提高。当侵害行为发生时，为了保障大学生的合法权益，大学生需要不断提高自身维权意识与维权能力。第二，大学生应当了解我国的一些基本法律，了解这些法律首先能让大学生辨别何种行为是违法行为，何种行为是合法行为。这样既可以杜绝大学生做出违法行为，也可以在大学生遇到违法侵害时辨认出该行为违法，以启动维权程序。大学除了要了解我国主要的法律外，还应当了解与学校、教育相关的法律与规章制度，如《中华人民共和国教育法》《中华人民共和国高等教育法》《普通高等学校学生管理规定》等。只有对这些法律以及规章制度有了充分的了解，才能在自己合法权益受到侵害时从容应对。

（二）自觉维护社会公正

现代大学生应当在学校充分学习法律知识、树立法律意识后，自觉维护法律的公平公正。只有人们都自觉维护法律的公平公正，才能更好地维护人们的权利。因此，党和政府要特别注意法律的公平公正问题，引导社会维护法律公正，真正做到“有法必依”。

1. 以执法公正示范社会公正

政府以及相关执法部门应当起到表率作用，在执行公务时一定要遵法守法，一切活动按照法律规范进行，起到良好的社会示范作用。

第一，政府及相关部门应当依法履行职责，对待群众要树立平等观念，在法律面前人人平等，依法保障人权，在工作中使法律意志深入民心。

第二，切实保护人民群众的利益，只有保证人民群众的利益才能增强人民群众的信任度，人民群众才会相信法律以及相关部门。同时，健全各种政府职能，健全利益协调与保护机制，加大环境保护、医疗与劳动保障、食品卫生等相关民生方面的监管力度，为人民群众的切实利益着想。加强问题处理机制，简化流程，做到为人民群众的生活着想。把握好裁量标准，做到执法标准统一规范、处罚与法律标准相同，使执法效果与社会效果相统一。

第三，执法机关要时刻关注人民群众的情绪，任何政策的最终目的都是维护人民群众的切身利益，但政策的制定不能仅考虑目的的好坏，还需要考虑到政策在实际执行过程中是否会损害到人民群众的某些利益，如果有就需要在政策实行前先对人民群众的矛盾进行调节。在这个过程中可充分利用法律、法规、经济等手段，采用疏导、教育等多种方法，做到既考虑到政策的实行，又考虑到人民群众的情绪。

2. 以司法公正引领社会公正

司法系统是维护社会公平正义的最后防线，当其他因素无法对某事件进行调节时，司法系统会根据法律做出最终审判，因此司法系统对于社会公平正义具有一定的引领作用。

第一，全面深化改革司法体制，确保司法系统在社会上的绝对权威，确保司法机关中的审判机关独立行使审判权、检察机关独立使用检察权。确保司法机关的一切活动均严格依法执行，努力做到让人民群众真正放心，争取每个案件都能做到真正公平。

第二，在司法实践中要做到以事实为依据，以法律为准绳，严格依照法律办案，做到依法执法，不断提高司法系统在人民群众心中的公信力。重视涉及弱势群体的案子，重视民生案件，在各种执法过程中严格依照法律办事，为人民交上一份满意的执法答卷。同时，推进案件繁简分流，根据审判难易、判罚轻重等情况将案件进行分类处理，并积极协调，鼓励和解，一切从人民群众的切身利益出发，做到人民群众满意。

第三，对司法过程中遇到的问题要切实解决，需要优化的流程要切实进行优化，严格按照执法程序，遵守依法定罪、罪罚相等、疑罪从无等法律原则及制度，积极搜寻证据，杜绝冤假错案等。

第四，坚持保证司法系统公开透明，确保司法人员公正廉洁，严格落实责任制度，在日常工作中推行审判公开、警务公开、狱务公开等促进司法公平的项目，严禁任何人干预司法活动，让司法受人民监督，牢记使命，坚决维护司法公平。

大学生是敏感群体，任何社会问题都可能影响大学生的法治意识的树立，因此我们绝不能忽略任何一个细节。

第二节　课程系统建设

一、课程系统建设的基本要求

（一）课程应与个体的发展相一致

法治教育是高校培养社会主义法治人才的重要手段，也是提高学生法律素养和法治意识的有效途径。高校法治教育课程应该以学生的成长和发展为中心，注重培养学生的法律思维、法律判断、法律表达和法律实践能力，同时要关注学生的道德情感、价值观念和社会责任感，使学生成为具有完整人格和人文素养的社会主义法治人才。

高校法治教育课程应与个体的发展相一致，这意味着要从以下几个方面进行课程设计。

1. 坚持以人为本，尊重学生的主体性和个性

高校法治教育课程不应该是灌输式的、机械式的，而应该是启发式的、互动式的，充分调动学生的主动性和创造性，激发学生的学习兴趣和动力，培养学生的自主学习和终身学习能力。高校法治教育课程也不应该是一刀切的、统一化的，而应该是多样化的、个性化的，根据不同专业、不同层次学生的不同需求，设置不同的课程目标、内容、方法和评价方式，满足学生差异化和多元化的学习需求。

2. 坚持以情感为纽带，培养学生的法治情感和价值观

高校法治教育课程不仅要传授法律知识，更要塑造法律人格，让学生在感知法律、理解法律、运用法律的过程中，形成对法律的尊重、信任、热爱和依赖，形成对正义、公平、民主、自由等价值理念的认同、拥护和追求。高校法治教育课程要注重情感教育和价值引导，运用案例分析、角色扮演、模拟庭审等方法，让学生亲身体验法律的力量和美好，激发学生的正向情感和积极态度，培养学生

的良好品德和道德修养。

3. 要坚持以能力为要求，提高学生的法治能力和素养

高校法治教育课程不只要让学生知道法律是什么，更要让学生知道用法律做什么，即从知识层面向能力层面转变。高校法治教育课程要注重能力培养和素质提升，运用问题导向、项目实践、案例研究等方法，让学生在解决实际问题和参与社会活动的过程中，锻炼自己的法律思维能力、判断能力、表达能力和实践能力，提高自己分析问题、解决问题以及协调沟通等能力。

总之，高校法治教育课程应与个体的发展相一致，既要符合学生的认知规律和心理特点，又要适应社会的发展需求和变化趋势，以培养全面发展的社会主义法治人才为目标，以增强学生的法治素养和法治意识为核心，以促进学生的个性发展和人格完善为重点，以实现学生的自我价值和社会价值为导向，构建高效的、有温度的、有深度的法治教育课程体系。

（二）课程的知识性应与价值性相统一

高校法治教育课程是培养大学生法治意识和法律素养的重要途径，也是提升国民法治素养和建设社会主义法治国家的重要基础。高校法治教育课程不仅要传授法律知识，还要培养法律价值观，使大学生能够理解和尊重法律的内在价值，认同和维护法律的权威性，遵守和运用法律的规范性。因此，高校法治教育课程的知识性应与价值性相统一，即在传授法律知识的同时，强化法律价值的教育。

知识性是高校法治教育课程的基础，是提高大学生法律素养的必要条件。知识性主要体现在对法律基本概念、原理、制度、规范等内容的讲授上，使大学生掌握法律的基本知识，了解我国的法律体系和运行机制，熟悉我国的宪法和基本法律，增强对法律现象和问题的分析和解决能力。知识性是高校法治教育课程的核心内容，也是评价高校法治教育课程质量的重要指标。

价值性是高校法治教育课程的灵魂，是培养大学生法治意识的关键因素。价值性主要体现在对法律价值、目标、功能、精神等方面的阐释上，使大学生认识到法律不仅是一种规范行为的工具，也是一种实现社会公平正义的理念，引导大学生树立正确的法律观、权利观、义务观、责任观等，激发大学生对法律的尊重和信任，促进大学生自觉遵守和维护法律。价值性是高校法治教育课程的灵魂，也是提升高校法治教育课程效果的关键。

知识性与价值性是高校法治教育课程不可分割的两个方面，二者相辅相成、相互促进。只有知识性与价值性相统一，才能使高校法治教育课程真正达到培养

大学生全面发展的目标，才能使高校法治教育课程真正发挥推动社会主义法治建设的作用。

在高校法治教育课程中，知识性和价值性应该统一。这意味着教师在传授法律知识的同时，也应该注重培养学生的法治意识和法治精神。例如，在讲授宪法的基本原则时，不仅要让学生了解宪法的内容，还要引导学生思考宪法对于维护社会公平正义、保障公民权利和自由的重要作用。

此外，在高校法治教育课程中，也应该注重实践教学。可以组织学生参观法院、检察院等司法机构，让学生亲身感受司法实践的过程，增强学生对法治的理解和认同。同时，也可以开展模拟庭审等活动，让学生在实践中学习法律知识，培养学生运用法律武器维护自身合法权益的能力。

总之，高校法治教育课程应该注重知识性和价值性的统一，通过多种教学手段培养学生的法治意识和法治精神，促进社会和谐稳定。这样才能真正做到让每一个学生都成为遵纪守法、有责任心的公民。

（三）课程应与个体心理发展的特点相适应

高校是培养社会主义建设者和接班人的重要基地，法治教育是高校思想政治教育的重要内容。高校法治教育课程应该从学生的心理发展特点出发，采取适合他们认知水平、价值取向和行为习惯的教学方法，以提高法治教育的实效性和针对性。

高校学生处于青春期后期和成年期初期，这是个体心理发展的关键时期。在这一时期，个体的自我意识、自我认同、自我价值、自我控制等方面都发生了显著的变化。高校学生具有以下几个心理发展的特点。一是认知能力的提高。高校学生的抽象思维、逻辑思维、创造性思维等都得到了较大的发展，他们能够对复杂的社会现象进行分析和评价，形成自己的见解和判断。二是价值观念的形成。高校学生开始对自己的人生目标、社会角色、道德准则等进行选择和确定，形成自己的价值观念和信念体系。三是情感态度的变化。高校学生的情感更加丰富和复杂，他们对自己、他人和社会都有了更深刻的认识，产生了更多的情感需求和情感表达。四是社会交往的拓展。高校学生的社会交往范围和对象都有了明显的扩大，他们与同龄人、教师、家长、社会人士等都有了更多的沟通和互动，建立了更广泛和多样的社会关系。

高校法治教育课程应该充分考虑这些心理发展的特点，采取以下几种教学方法。一是案例教学法。案例教学法能够将抽象的法律知识与具体的社会实践相结合，激发学生的兴趣和参与感，培养学生的法律分析能力和解决问题的能力。二是讨论教学法。讨论教学法能够促进学生之间的交流和互动，激发学生进行思考和表达，培养学生的批判性思维和辩证性思维。三是模拟教学法。模拟教学法能够让学生亲身体验法律活动的过程和规则，增强学生的实践能力和责任感，培养学生的法律意识和素养。四是评价教学法。评价教学法能够让学生对自己和他人的法律行为进行反思和评价，提高学生的自我认识和自我调节，培养学生的法律道德和良知。

（四）课程应有利于教师与学生的合作

高校法治教育课程是培养学生法律意识和法治素养的重要途径，也是提高学生综合素质和社会责任感的有效手段。高校法治教育课程应有利于教师与学生的合作，激发学生的学习兴趣和主动性，培养学生的批判性思维和创新能力，促进学生的法律实践和社会参与。

为了实现这一目标，高校法治教育课程应遵循以下原则。

第一，以学生为中心，关注学生的需求和特点，尊重学生的个性和差异，充分发挥学生的主体作用，引导学生主动探究、合作交流、反思评价。

第二，以问题为导向，围绕学生关心的法律问题和社会问题，设置有意义的学习任务和情境，激发学生的问题意识和探究欲望，培养学生的问题解决能力和批判性思维能力。

第三，以合作为基础，鼓励教师与学生之间、学生与学生之间进行交流和讨论，营造互信和尊重的氛围，促进知识的共享和创新，培养学生的团队合作能力和沟通能力。

第四，以评价为支持，建立多元化和开放式的评价体系，注重过程评价和自我评价，反馈学习效果和进步情况，激励学生不断改进和提高。

二、学科教学体系建设的策略

大学生法治教育课程作为大学思想政治理论课程中的重要内容，在全面依法治国背景下需要得到切实加强，使其无论是从课程设置、教学方式上，还是从课程的内生动力建设上都具有实践意义。

（一）完善课程体系建设

大学生法治教育要按照“八个相统一”（政治性和学理性相统一、价值性和知识性相统一、建设性和批判性相统一、理论性和实践性相统一、统一性和多样性相统一、主导性和主体性相统一、灌输性和启发性相统一、显性教育和隐性教育相统一）的要求，扎实推进思想政治理论课建设。目前，直接对大学生进行法治教育的课程主要有思想政治理论课中的思想道德与法治课和法治类相关选修课。一些非法律专业的社会科学类专业也把法律类课程作为本专业的基础课程，要求本专业学生修读。考察当前大学生法治教育课程安排，不难发现，各高校除思想道德与法治课为必修课，有统一教材和教学要求外，其余选修课都是由各校根据实际情况开设的，而开课依据常常是有没有授课教师，且各校在课程的开设数量和教学内容上都有较大不同。很多学校除了规定的思想政治教育课程外，很少开设法治教育选修课。已开设的法治教育选修课也存在课程偏重于部门法律知识传授的问题，专业性较强，仍属于知识教育课程。大学生法治教育课程还没有形成体系。

单纯依靠大学的基础思想政治教育进行法治教育，显然是不够的，我们应鼓励有条件的学校开设法治类选修课，丰富课程类型和课程内容，吸引更多学生选修。而对师资相对不足的学校来说，应加强对思想道德与法治课任课教师的培养培训，提高他们的教育教学能力，帮助他们开设一些法治类选修课程，从而形成以思想道德与法治课为主干课程，以法治教育相关课程为延伸课程，有序衔接、互相补充的课程体系。延伸课程分为两个层次：第一层次是延伸课程中的必设课程，主要是法治价值和法治文化类选修课，课程内容主要包括法治的规范性、政治性、价值性。这类课程对教师掌握法律专业知识的要求并不高，侧重于对法治价值的讲授，没有法学院的学校也能够开设。第二层次是延伸课程中的选设课程，主要是实用型法律选修课，课程内容包括职业法律规范、常用法律规范，如《中华人民共和国公务员法》《中华人民共和国消费者权益保护法》《中华人民共和国劳动合同法》等。职业法律规范教育可以与专业教育相结合，成为专业教育的组成部分。选设课程需要教师掌握一定的法律专业知识和实践经验，适合设有法律专业的学校开设。延伸课程应以小班教学为主，以便开展讨论、实践等教学活动。

大一期间，针对新生特点，法治教育应该以校规校纪和思想道德与法治课的基础教学为主。校规校纪是每所高校针对学生制定的行为准则，是大学生基本的日常行为规范。从目前一些学生和学校之间出现的纠纷或法律问题来看，学校与学生的矛盾主要集中在对学生违纪事件的处理上。对新生进行校规校纪的教育，能够让学生在大学期间少违纪甚至不违纪，这也是让学生养成良好行为习惯的开始，其思想道德水平的提高也能为后续的法治思维培育打下良好的基础。

大二期间，法治教育可以通过丰富的法治实践让学生所学的法律知识得到应用和检验。法治实践包括法律志愿服务、普法宣传、参加模拟法庭、以案说法等形式，可以提高大学生的法律运用能力。法治实践能够增强法治思维课程的吸引力和效果，让学生在实践中感受和体验法治的魅力，了解我国的法治体系，激发学生对社会主义法治的认同感，使实践育人的作用得到充分发挥。理论知识是间接经验，大学生只有通过实践，将才能知识转化为能力，应用到实际的工作、学习和生活中。

大三期间，法治教育应该开设与专业相关的实体法选修课。与大学生的学习和生活相关的实体法有民法方面的《中华人民共和国著作权法》(以下简称《著作权法》)、刑事方面的《刑法》、行政方面的《中华人民共和国环境保护法》等。学生可以根据自己的兴趣和专业有针对性地进行选择，以满足对法律课程的兴趣和进一步学习的意愿。结合部分学生创新创业的要求，法治教育可以开设讲授《中华人民共和国公司法》《合同法》等的选修课程。结合部分学生在校期间就有一些发明创造的事实，法治教育也可以增加一些讲授《知识产权法》《著作权法》等方面内容的课程。此外，还可以开设法学专业的辅修课程，设立法学双学位，以满足部分喜爱法学专业的非法学专业学生的需求，从而有效地扩展法治思维培育的空间。

大四学生面临的最大问题就是就业，但法治教育不应成为空白。相反，大四学生面临就业，即将走上社会，遇到的问题更多，法治教育更应该以此为契机，紧跟学生的需求，开展学生急需的法治教育。学校可根据大四学生在择业、就业、创业时面临的问题，有针对性地邀请社会上知名的法学专家或者有丰富从业经验的法律工作者举办法律专题讲座、法治座谈会等，以灵活多样的形式向学生进行法律知识普及和教育。即将毕业的学生可能对《中华人民共和国劳动法》等法律知识有更多的实际需求，法治教育就可以多开展一些相关内容的教学。总之，我们要将法治教育课堂进行有效的延伸，将法治教育与职业生涯规划、就业指导以及创新创业教育进行有效的衔接，以贴近大学生的实际需求。

（二）加强教学方式方法改革

大学生法治教育不仅是专业教育、知识教育，而且是价值教育和思想教育。大学生法治教育不需要受教育者死读硬记，而需要用基于事实的知识来发展和增进每个受教育者的思考力。单纯的知识教育并不能促进学生理解和认同法治价值，因而绝不能把法治教育变成照本宣科式的讲解和让学生死记硬背一些法条，因为教条式的教学方式并不能收到良好的教学效果，讨论才是解决学生思想问题的最好方法。

在进行课堂教育时，教师一要树立法治教育的理念，有传授具体法律知识的教学策略，注重法治精神的传递。二要多采用启发式、讨论式、参与式的教学方法，引导学生通过自己的思考发现相关的法律规范、事实材料，分析各因素之间的关系，得出最佳答案，巩固所学知识，深化对法治知识和价值的理解。实践表明，当学生积极参与教学时，要比仅仅作为被动的接受者更容易获得知识，产生信念、态度以及价值观的变化，也更容易习得技能。三要开展案例教学。案例教学是通过对一个具体的法治情境的描述，引导学生对这种典型、特殊的情境和境况中的法治问题进行讨论，以培养学生的批判性思维和创造性能力的一种教学方法。案例教学法是一种互动式的教学方法，它使教师和学生共同参与到对现实情境的讨论之中，教师的作用不是把答案告诉学生，而是通过提出问题引导学生深入思考，做出决策，从而掌握相关理论、分析技巧及运用方法。学生在教师的指导下进行课堂讨论，分析案例中的法治要素和法治运用，最后得出结论。同时，教师还要引导学生思考案例的道德意蕴和价值意义，使学生学会从道德和法律结合的角度全面客观地看问题，以使案例教学更加贴近现实生活，贴近学生的关注点。

除此之外，学校还可以邀请名师参与法治教育课程的讲授，也可以把新媒体、新技术，如虚拟仿真实验室等新技术、自制案例等新形式引入高校思想政治理论课和法治教育课的教学。基于技术支持和思维革新，大学生法治教育可以在人工智能的助力下摆脱传统思维惯性，探索新的教育教学规律，找寻教学方式与教学生态上的全新办法，提高思想政治理论课教学实效。

（三）加强高校思政课内生能力建设

马克思主义理论学科建设能力、马克思主义理论学科支撑思想政治理论课教学的能力和高校思政课教师自身发展的能力汇集在一起就是高校思政课建设的内生能力[①]。这种内生能力建设的第一个方面表现在高校思政课教师——承担法治教育课程的教师要有崇高的使命意识，站在为党育人、为国育才、为社会主义培养建设者和接班人的高度开展思政课等法治教育课程的教育教学。内生能力建设的第二个方面是提高教师的学科能力。要不断夯实任课教师的学科本领和学科涵养，

① 任晓伟．论新时代高校思想政治理论课的内生能力建设[J]. 学术论坛，2020，43（2）：126—131.

使其将自身的知识价值体系外溢给接受教育的学生。内生能力建设的第三个方面是要积累适应现代大学教育变革的教学经验。目前虽然全国高校思政课教师仍存在着缺编情况，但总体上说，近十年来高校思政课教师在规模和数量上都实现了史无前例的扩展，并且正在经历结构性转变。年轻化、高学历已经成为新时代高校思政课教师的显著特点，高校思政课教师在达到一定规模后，必须做好教学经验积累和新老教师的传帮带工作。

第三节　校园环境建设

校园法治环境也是对大学生进行日常法治教育的一个重要载体，对大学生法治意识的培养十分重要。高校应该将法治作为一种治校原则，让法治成为全校师生的一种价值追求和崇高信仰。高校法治教育的直接实施场所是大学校园。大学生每天身处于校园之中，校园环境对大学生法治教育的影响更为直接。高校是培养人才的重要阵地，校园法治环境直接影响高校法治教育的效果和大学生法律素质的提高。校园法治环境对大学生法律素质的形成和法治意识的培养起到潜移默化的影响作用，可以对课堂教学效果起到良好的促进作用。高校应该结合社会主义法治国家建设的要求，全面推进教育领域的法治化，大力推行依法治校和依法治教，规范学校的办学和管理模式，明确学校与教师、学校与学生、教师与学生之间的权利与义务关系，努力营造促进法治教育良性循环的校园环境。

一、完善校园法治制度环境

建立健全各项管理规章制度，是依法治校的基础和前提。高校规章制度是高校依法自主管理和实现依法治校的必要条件。而依法治校的执行情况，又为大学生树立了重规则、守法纪的榜样示范。因此，要加强制度环境建设，树立以制度管人、以制度管事、以制度育人的理念。

（一）完善规章制度与办事程序

学校制定章程和规章制度关系到广大师生的切身利益，必须遵循民主、公开的程序，充分发挥教职工代表大会、共青团、学生会等团体组织在民主决策机制中的作用，让全校师生共同参与学校管理制度规章的制定与完善，使教育活动与制度规范符合民主法治、自由平等、公平正义的社会主义法治理念要求。高校学生参与学校管理体制改革、依法制定规章制度的过程本身就是一种潜移默化的无形教育，它会激发学生学法用法的热情，从而大大提高法治教育的实际效果。学生在校园中遵守校规校纪，养成有序生活方式，当然会自觉做到遵纪守法，这无疑对逐渐培养大学生的法律信仰起到十分重要的促进作用。

（二）制定并严格执行师生行为规范

对照法律规定，结合学校实际，制定或修订教师行为守则、学生行为规范等，加大规范制度的实施力度，建立健全有效的约束机制，对于违反规范的师生严格按规范要求进行惩处。学校的行为规则是学生能够接触到的，与他们紧密相关的最早也是最直接的规范形式，是法律的雏形。在培养学生的过程中，纪律要求是加强约束力量、挖掘青年人潜能以及矫正他们弱点的最好方法。法律无非一种更加严格的纪律。大学生有了遵守纪律的品德，才能够自觉遵守包括法律在内的各种纪律。

（三）构建以人为本的学生管理制度

传统的高校学生管理规则倾向于“秩序至上”，在具体制定及实施过程中只考虑管理者操作方便，忽视了管理的根本目的是教育。高校的学生管理制度既要依法强化和规范对学生的管理，更要转变学生管理的理念，变管理为服务、变管理为教育，尊重学生人格尊严和合法权益，适应学生全面发展和多样化成才的需要。在制定学生管理制度时，要合乎教育目的与教育规律，符合学生身心发展规律及特征，体现公正合理的法治精神。

学校管理规章应当更多地考虑学生主体的合理需要，鼓励学生参与民主管理。因此，我们应该推进学校决策的科学化、民主化、法治化，切实落实学生的主体地位；着力健全学生参与的有效民主机制，加强学生有效参与依法治校，从而依法保障大学生的知情权、参与权、表达权和监督权。开辟更多的学生交流渠道，充分发挥学生会、宿舍管理委员会及其学生社团的作用，加强学生对学校的管理等工作的监督，从而使规章制度更加公平、合理，使规章制度和法治在大学生中间得到普遍的信仰。

加强依法治校，营造法治化的管理和育人氛围是高校法治教育与法治意识培养中校园环境建设的重点。依法治校和依法治教是依法治国理念在高校管理和教育领域的具体体现。高校应当按照依法治校和依法治教的要求，积极深化学校综合改革，科学制订并落实学校综合改革方案，明确深化改革的原则和基本方向，在深化学校各项改革任务的过程中积极落实依法治校和依法治教的各项要求。进一步提高学校办学和治理的法治化水平，通过规章制度建设，积极落实教师、学生的主体地位，明确学校、教师、学生相互之间的权利与义务，增强学校管理部门、管理者、教师运用法律思维和法律手段解决矛盾冲突的能力。学校管理部门要依法办事、依章办事、依规行事；管理人员应不断提高自己对法律的认知和对自己工作领域规章制度的理解，提高管理的效率和规范性，使学生在接受学校管理的过程中感受到公平、法治；同时，专任教师应不断提高自身职业道德、法律意识，自觉践行教师行为规范和职业道德，在教学活动中注意自己的言行，充分尊重学生的权利。通过多部门的合作，在全校范围内营造“依法治校，依法治教，依法育人”的良好氛围，使学生在学校受到法治氛围的熏陶和教师言传身教的感染。

二、营造校园法治文化环境

学校应该营造民主、公平的校园文化氛围。文化的基本功能在于武装人、引导人、塑造人、鼓舞人，亦即培育人。人创造文化，文化又塑造人。人的社会化过程，也就是接受文化的培育和熏陶的过程。大学的本质就是以文化育人，大学的教育教学过程，实质上是一个有目的、有计划的文化过程，所谓教书育人、管理育人、服务育人、环境育人，说到底都是文化育人。大学的意义不仅在于它是一种物质实体的存在，更重要的在于它是思想文化和精神道德的高地。大学之人，首先在于文化之高尚、精神之伟大。从这个意义上说，一所好大学就是文化品位高雅、令人仰望的大学，代表着一种先进的文化，蕴含着一种崇高的精神。大学文化是大学赖以生存、发展的重要根基和血脉，也是大学师生的共同精神家园，沉淀着学校的精神内核和学术传统，凝聚着大学的办学力量和价值取向，也反映着师生对大学本身的总体认识、理想追求和实践探索。大学精神是大学发展中长期积淀形成的、师生广泛认同的理想信念和价值追求，是大学文化的精髓和核心。大学文化是社会主义先进文化的组成部分，对在其中学习生活的大学生塑造思想、陶冶心灵、培养能力、发展个性具有特殊意义和极为重要的作用。加强大学文化建设，凝练大学精神，形成对教职工具有凝聚作用、对学生具有陶冶作用、对社会产生示范影响的优良校风，不仅对大学自身发展具有十分重要的意义，对学生法治教育也会产生积极的影响。

（一）加强校园文化建设

加强校园文化建设是营造法治教育和法治意识培养的良性环境的重要路径。校园文化是校园各方面要素的“结合体”。校园文化活动将法律理论还原为生活实践，提高学生的学习积极性，从而提升教育效果和质量。加强校园法治文化建设，发挥文化育人的作用，可以提高大学生法治教育的实效。学生管理部门、教务管理部门以及院系应当定期召开学生座谈会，让学生真实表达自己在学习和生活中遇到的问题，表达对学校管理各个环节的建议，让学生充分行使自己的权利；在班级干部、各级学生组织干部的选举中，充分发挥民主选举的作用，让学生通过选举选出自己心目中满意的学生干部等。通过让学生在校园生活中感受到民主、平等、和谐的氛围，逐步形成一定的规则意识，通过学生充分行使自己的权利增强学生的权利义务意识，这些都为顺利实施法治教育、提高大学生的法律素质、生成法律信仰提供了良好的文化氛围。

高校应以社会主义核心价值观来指导校园文化建设，使学生在公平、自由的校园法治文化氛围中学习、生活，引导他们自觉地树立法治观念，在校园内形成良好的法治信仰培育环境。高校应结合校园文化活动，成立固定的组织机构来合理安排和实施非法律专业学生的课外法治实践活动，将大学生法治信仰的培育渗透到各种活动中。科学组织、指导法律类社团的建设，开展校园法律咨询服务，开设专门的法律网站，举办法治讲座、模拟法庭等活动；让更多的非法律专业学生参与其中，使他们能够在其中得到切实的锻炼，真正掌握法律知识并能运用到实践中。同时，高校要做好法治宣传工作，充分利用学校的宣传橱窗、校内论坛、学校报刊、校园广播等宣传平台与形式，进行宽领域、深口径的宣传。开展各种典型法律案例图片展览、法律知识讲座等活动，激发大学生的法律学习热情、熏陶大学生的法治情感、坚定大学生的法治信仰。

（二）充分发挥学生社团在提高法治教育效果方面的作用

大学社团组织作为繁荣校园文化的主力军，也应该充分发挥提高大学生素质的重要作用。大学生加入各类社团组织多数是由于对社团活动主题的兴趣，社团活动既贴近学生的思想、学习和生活实际，又能满足学生的需求，丰富学生的课外生活，因此能够吸引越来越多的学生加入社团组织。高校应当充分利用社团组织的这一特点，鼓励学校法学专业学生或对法学有浓厚兴趣和热情的学生组建法律类社团组织，如法律协会、大学生法律援助中心等，通过建立一定的社团组织，为大学生开展法学理论学习、法学实践、法学研究、法学交流搭建平台，通过丰富多彩的社团活动使大学生树立知法、懂法、守法、用法、护法的理念。

（三）加强高校法律咨询室的建设

当大学生遇到法律问题时，工作室可以及时地给大学生提供一定的法律咨询服务。另外，高校应定期从校外聘请一些法律工作者或者法学教授，通过给大学生举办知识讲座等，为整个校园营造“人人学法、人人守法”的文化氛围。高校还要引导大学生认真学习法律咨询室的图书资料，从而真正地把法律宣传融入大学生的日常生活。同时，高校可以搭建互动平台，让大学生能够在平台上对社会上出现的一些热点问题进行探讨。大学生也可以就自己在日常生活中遇到的一些困惑展开讨论，从而在探讨中树立正确的法治观念。

高校要把法治文化作为校园文化建设的重要组成部分，将平等自由意识、权利义务观念、规则意识、契约精神等理念，渗透到学生行为规则、日常教学要求中，凝练到校训或办学传统、教育理念中，营造体现法治精神的校园文化氛围。这样，优化校园法治环境，固化对大学生法治的思想认同，会对大学生法治信仰的培育起到促进作用。

第四节　社会实践路径

一、高校法治教育社会实践的含义与特征

（一）高校法治教育社会实践的含义

实践就是人们能动地改造和探索世界的客观物质活动。实践是主观见之于客观的物质活动，包括主观对客观的必然性和客观对主观的必然性。实践的基本特征是客观性、能动性和社会历史性。由此我们可以认为，高校法治教育社会实践，就是人们积极地探索法治教育规律、建设法治社会的活动。从广义上讲，高校法治教育本身就是一种社会实践；从狭义上讲，这里的法治教育社会实践有其特定的含义，它是相对于法治教育理论或课堂教学而言的，是泛指法治知识、法治理论教育、教学之外的活动。

（二）高校法治教育社会实践的特征

从哲学的角度分析法治教育社会实践的含义和特征，才能提高高校法治教育

社会实践认识的高度，扩大高校法治教育社会实践的宏观视野，从而使高校法治教育社会实践不仅具有微观的视角，而且具有宏观的视角，有利于增强高校法治教育的实效性。

首先，高校法治教育社会实践是一种客观的物质活动，具有客观性。它存在于法治社会中，有发展程度的问题，而不是有无的问题。在过去，我们对法治教育社会实践活动认识不够、理解不深，尤其是对社会实践在高校法治教育与法治意识培养中的重要性认识不足，这不仅影响到高校法治教育的实效性，而且最终会影响到法治社会的建成。因此，在推进全面依法治国战略实现的进程中，我们要认识高校法治教育社会实践存在的客观性，探索高校法治教育社会实践规律，增强高校法治教育的效果。

其次，高校法治教育社会实践活动是一种能动的活动。这种能动性是指人的能动性，也就是说，在高校法治教育社会实践活动中，大学生是活动的主体。法治教育社会实践的主体对法治教育社会实践的开始、进程、结束起决定作用。可见，高校法治教育中的人不是被动的人，其不仅是高校法治教育社会实践的积极参与者，而且是高校法治教育社会实践的积极组织者，法治教育的方法、内容、载体选择等，无一不需要学生积极发挥作用，尤其是要调动学生的积极性，高校法治教育才能收到较好效果。

最后，高校法治教育社会实践是具体的、历史的，具有社会历史性。这就是说，没有抽象的、一般的法治教育社会实践，高校法治教育社会实践总是在一定的社会中开展的，高校法治教育社会实践要受社会历史条件的限制。高校法治教育社会实践的水平、标准、要求，与一定的社会生产力发展的总体水平、社会教育发展的程度、人们的法治素养的高低、社会文明的进步程度等多种因素有关。特别是我国进入社会主义新时代，社会的主要矛盾已经转化为人民日益增长的美好生活需要和不平衡不充分的发展之间的矛盾，法治教育实践也进入新时代，人们的法治需要与现有的法治教育发展出现矛盾，呈现一系列新特征。因此，需要将高校法治教育社会实践放在新时代来认识。

二、高校法治教育社会实践的基本形式

（一）实体法治教育社会实践

1. 实体法治教育社会实践的含义

实体法治教育社会实践是以实体形式存在的社会实践，它可以直接通过人的

眼耳鼻舌等感觉器官感知，不需要通过人的思维想象再次加工。实体法治教育社会实践是法治教育实践的主要形式，我们所指的法治教育社会实践，一般是指实体形式存在的社会实践。实体法治教育社会实践是法治教育实践形式的主体部分、传统部分，所以在高校法治教育中的重要性自不待言。

2. 实体法治教育社会实践的特征

（1）直接性

就实体社会实践呈现的形式而言，具有直接性，它不需要利用其他中介手段，就能直接展示在参加社会实践活动的人的面前。当然，这并不是说实体社会实践不需要任何形式的载体，载体还是必要的，但是载体与中介手段不同。直接性是实体法治社会实践的特征和优势。从高校学生的角度来看，直接参与法治教育社会实践，亲力亲为，能获得第一手资料，获得的教育资源具有更高的可信性、可靠性。从教育方法的角度看，实体法治教育社会实践与讲解、讲述等法治教育方法相比有巨大的优势，能拉近大学生与法治教育现实之间的距离。

（2）直观性

直观性特征与抽象性特征相对应。直观性就是通过人的感觉器官能感知法治教育社会实践资源所发散的“色、香、味、触”等信息资源，不需要发挥人的想象力在思维中再次加工。当然，这里并不是说实体法治教育社会实践具有直观性，就不需要人的思维了，其实在很多时候、很多场景下，大学生的“眼见”并非“为实”。实体法治教育的直观性提高了高校法治教育与法治意识培养的效益。

（3）现实性

现实性与虚拟性相对应。实体的法治教育社会实践存在于现实社会之中，是一种可以感知的客观存在。无论是参观、访问、研讨，还是实际体验，实体的法治教育社会实践中的人、物、载体等多种因素都存在于客观世界，可以计量、描述、拍照和录存，也就是说，在一定条件下，它是不能被压缩、转移和传递的。实体法治教育社会实践的现实性，给高校法治教育提供了直接可能性，使高校教师和学生能直接利用法治教育资源。

（4）体验性

体验性是法治教育的主体参与法治教育社会实践，在情感上产生的一种特殊的体验。这种情感上的体验，可以是积极的情感体验，也可以是消极的情感体验。换言之，可以是愉悦、高兴、兴奋，也可以是痛苦、失望、压抑等多种情绪、情感交织在一起。实体法治教育社会实践给大学生带来的体验是直接的，如果有足够的体验时间，能在他们的记忆中长期保存，对他们的法治意识形成有重要意义。

3. 高校实体法治教育社会实践形式

（1）法治考察

法治考察也称为考察探究型社会实践，又可以细分为考察型、调查型、探索型、研究型、综合型等形式。考察探究型是法治教育社会实践活动的基本形式之一，其主要任务是围绕考察探究的法治教育主题，选择具体的调查单位，获得法治建设的现状、未来发展目标等基本数据。具体可以采用偏重于事实、现状的单纯考察方式；可以用调查方式；可以对挑战性、争议性问题用讨论的方式；还可以用研究的方式研究其法治现状的原因、根据、发展路径。在考察探究中，要求大学生通过活动形成自己的观点，得出自己的结论；还要注意学生之间的互动、学生与指导者之间的互动、考察探究对象之间的互动。大学生要在互动中获得法治心理体验，提高法治的基本素养，形成适合未来社会法治需要的法治意识。

（2）法治服务

法治服务是指通过为法治对象提供法治内容服务的方式开展社会实践活动。服务的对象可以是具体的个人，也可以是单位、机构组织、团体。法治服务要求大学生具有一定的专业知识、专业技能，有的还要求具有一定的专业资质。虽然法治服务者已经具有了一定的法治素养，但是参加法治服务社会实践能进一步提升其法治水平、法治能力，尤其是对在校大学生来讲，法治服务能把理论与实际联系起来，找出专业知识存在的不足，明确下一步努力的方向，更重要的是能够运用所学的专业技能为社会提供服务、解决一些社会问题，而这正是学习法治知识、理论的目的。具体来讲，各种法治志愿者活动、法治公益活动、咨询活动、宣传宣讲活动等，都属于法治服务。

（3）法治制作

法治制作也称为法治产品、法治作品的制作。比如，为了培养对祖国的情感，亲手制作小国旗，或者画相应的图案；还可以制作法警的肩章、法官用的法槌等。当然，这里的制作不是制造，没有制造的规范性质量标准，所以制作的形式、原料是多种多样的，可以泥塑，也可以用塑料、布料、木料、专门的学生社会实践用材料等制作。

法治制作不仅可以培养学生的劳动能力，而且可以使学生在劳动过程中围绕法治主题学习法治知识、理论，这也是西方教育家杜威所提倡的“做中学”。当然，在法治制作中，更要开阔思路，大胆设想。比如，可以布置一个模拟法庭环境，设计一个模拟法庭的审理提纲，布置一个模拟侦查环境，手绘、泥塑执法人员抓坏人的场景、形象，等等。同时，要做好制作作品的评价、展示、交流活动，对好的创意设计要鼓励、保护。可见，在法治制作中，只要开动脑筋，以创新的精神对待，就可能取得意想不到的法治社会实践成效。

（4）法治体验

法治教育社会实践体验分为多种形式，包括模拟场景体验、职业体验、参与式体验、主体自我体验等。模拟场景体验是指法治教育参与者进入他人设计好的法治社会实践场景，感悟法治模拟场景中的人、物，体察模拟场景中事件发生的过程，获得一种感同身受的体验，从而提高法治素养。职业体验式法治教育社会实践体验是指通过实习、见习或者直接通过考试应聘的方式进入法治角色，获得法治体验，提升法治素养。参与式法治教育社会实践体验是指参与到正在发生的法治场景中开始法治体验。主体自我体验是指主体就自身的权利、义务设定目标，通过法定的方式、程序来实现目标，从而体验法治的力量、培养对法治的信任，形成法治信仰。这是最深刻的法治教育方式，没有什么比自己亲身经历的、与自己密切关联的法律事件更能加深对法治教育内容的理解。

（二）虚拟法治教育社会实践

1. 虚拟法治教育社会实践的含义

虚拟法治教育社会实践是指法治教育社会实践主体按照一定的实践目标，通过数字化中介在虚拟时空进行现实主体与虚拟客体双向对象化的法治教育活动。虚拟法治教育社会实践是人们为了提高法治素养，建立法治社会，在当代新科学技术推动下形成的一种新型的实践活动形态，它与传统的实体法治教育社会实践不同。虚拟法治教育社会实践是法治教育社会实践改革创新的重要尝试和探索，有利于充分利用社会资源、实践资源，节约法治教育成本，给每一位接受法治教育的实践参与者更多的机会；有利于改善法治教育学习的条件，提高法治教育的有效性和针对性。虚拟法治教育社会实践与法治教育有内在的契合性，因为法治教育从本质上讲是一个实践教育的过程，虚拟实践是对真实的模拟，从这一点上看，二者有相同性。虚拟法治教育社会实践有利于破解当前法治教育实效性有待提高的困境，因此，我们要以积极的态度对待虚拟法治教育社会实践，热情参与，大胆创新，促进法治教育社会实践与飞速发展的当代信息技术深度融合。

2. 虚拟法治教育社会实践的特征

（1）虚拟实在性

“虚”就是不现实，“拟”就是用技术和物质手段对现实加以描摹、再现，方便人们学习法治知识、提高法治素养。法治教育社会实践是一种客观的现实存在，它是对已经发生的法治教育社会实践活动和人们头脑里设计的法治教育活动，以及根据现在的发展势态将来可能发生的法治教育社会实践活动，用现代科学技术再现出来，具有虚拟性。虚拟性就是非真实性，而不是虚假性，虚假是完全脱离现实，与现实没有一点联系，在现实中找不到依据，虚假的法治教育社会实践不能达到法治教育目的。也就是说，虚拟法治教育社会实践并没有否认与现实的联系。虚拟法治教育必须建立在现实的法治教育社会实践的基础上。

（2）及时交互性

由于虚拟法治教育社会实践带来的便利，在法治教育的虚拟空间，社会实践的主体之间的互动更为快速，不再受现实时空的阻碍；而现实的法治教育，由于是物质世界的具体存在物，有时间、空间的阻隔，主体之间的交往受到限制，往往速度较慢。比如，大学生要了解某社区的法治教育现状，用实体法治教育社会实践的方式，就必须到社区进行调查、观察，采集一些必要的数据，然后在此基础上得出结论，这就需要较长的时间。在实体现实世界的调查过程中，主体之间的交往受物理条件的影响，虚拟空间则不同，打开电脑、拿起手机，大学生就可以询问远隔数千公里的某地、某人、某单位、某社区的法治教育情况。此外，大学生还可以通过视频监控，观看法庭审判，了解监狱犯罪者的改造情况，在极短的时间完成对信息的收集，这是现实的法治教育社会实践所不能比拟的。

（3）现实超越性

虚拟法治教育社会实践脱离现实法治教育社会实践的烦琐，在公民学习法治知识、提高法治素养方面有独特的优势。

首先，虚拟法治教育社会实践比现实法治教育社会实践更“逼真”，这是因为它人为地对现实法治教育社会实践的不真实部分进行“过滤”，更能体现事物的本质，所以它比真实更“真实”，这就好比文学典型源于现实生活，但是文学典型是对现实生活中各种人物的典型特征的抽象，所以比现实中的人更“真实”。

其次，虚拟法治教育社会实践比现实法治教育社会实践更为“凝练”，它把数小时、数日、数月甚至数年的法治事件，通过现代科学技术浓缩在数小时甚至数分钟里，让人们在极短的时间内了解整个事件的全貌，大大地缩短了认识事物的过程。

最后，导向更为准确。虚拟法治教育社会实践可以修正真实法治事件中偏离主题的部分，帮助人们在短时间内按照既定的方向认识法治事件。当然，虚拟法治教育社会实践具有超越现实性，并不是说可以脱离现实，而是与现实的法治实践始终保持密切的联系，建立在现实法治教育社会实践的基础上。

（4）自由开放性

虚拟法治教育社会实践存在于一个虚拟空间里，主体与主体之间的联系是平等、多维的，因此具有开放性，它在一定程度上不受文化、环境、认识等条件的局限。

首先，体现在认识领域和主题上的开放。由于是虚拟空间，法治教育社会实践主体可以充分利用数据、开放空间等探索感兴趣的法治教育社会实践主题，也可以围绕既定的主题立体探索，扩大认识领域。

其次，向其他认识主体开放。在虚拟空间，任何法治教育主体都可平等自由地交流，没有疆域的限制，也没有各种认识上的樊篱。

最后，实践的手段、方式、方法也是开放的。虚拟法治教育社会实践的主体可以自由选择实践的方式、方法，相互取长补短，弥补自身在能力上的短板。

（5）自主创造性

在虚拟法治教育社会实践中，主体可以在一定程度上脱离现实条件的限制，充分发挥人的创造力，大胆创新，拓展法治教育社会实践领域，达到实体法治教育社会实践所不能达到的效果。作为法治教育主体，参与虚拟法治教育本身就是一种创新，需要人的想象力、思维力、创新力。可以说，没有创新就没有虚拟法治教育社会实践，因此作为主体，要从内容、手段、方式等多方面进行创新。

当然，技术创新是基础，随着科学技术的不断进步，将不断提高人们参与虚拟法治教育社会实践的水平；思维方式创新是关键，在同样的虚拟法治教育社会实践情境中，不同的法治教育主体获得的体会、感悟、收获不一样，主要是在思维方式的创新上存在差异。

3. 高校虚拟法治教育社会实践的形式

（1）虚拟法治教育课堂

虚拟法治教育课堂也叫在线课堂。通过计算机系统传输数据资料，在法治教育的教育者与受教育者之间搭建学习的教育资源平台，模拟法治教育课堂。大学生可以自主决定进入场景进行学习，也可以与法治教育的组织者、实施者之间达成协议，以约定的时间、方式开始学习。虚拟法治教育课堂也存在着教育者与受教育者双方，只不过受教育者和教育者存在于不同的时空领域。虚拟法治教育课堂具有便捷性、自由性、交流的及时性和无限开放性；更能充分地节省法治教育资源，提高法治教育效益，创造更大的法治教育价值。

（2）微型法治教育平台

为了开展法治教育活动，高校可以把法治教育数据储存在服务器上，由大学生自由访问。微型的虚拟法治教育平台，不要求大而全，而要做到短小、简洁、方便学习者访问。在微型法治教育平台上，大学生可以与后台管理人员围绕某一法治教育主题互动；可以与其他同学互动；也可以查阅资料、数据、图片，充分发挥思想的力量自觉感悟、体验。微型法治教育平台的特点就是跨时空存在，可以由教育主体任意设计，并围绕选择的主题存储数据，由受教育者自由访问，具有自由性、开放性、便捷性、及时性。

微型法治教育平台可以是教育网站、微博、微信公众号、云盘、QQ 群以及新出现的各种工具、存储法治教育的学习文件等形式存在，也可以把相关数据存储打包发送给法治教育的受教育者，让其自主选择学习。

（3）虚拟法治教育基地

虚拟法治教育基地针对不同的教育对象，将一定的法治教育内容采用声、光、色、电等技术手段，浓缩在固定的场地，让受教育者沉浸其中，从而达到法治教育的目的。虚拟法治教育基地要增强教育的互动性和趣味性，让大学生可以在基地任意进行创意策划、设计布展、拍摄微电影；也可以在基地玩各种法治教育的游戏，做到寓教于乐，消除实体法治教育在一定程度上存在的枯燥感。可见，虚拟法治教育基地是用实体手段，让大学生进入虚拟法治教育情境，并非看不见、摸不着。很多时候，虚拟法治教育基地是让受教育者在可摸、可触、可感的情况下集中接受法治教育，迅速提高法治素养。

三、法治教育实践基地建设

（一）法治教育实践基地的特征

1. 有固定的场所

也就是说，法治教育实践基地要占有一定的土地面积。法治教育实践基地都是实体的，虽然在实体的法治教育实践基地里可以运行一些虚拟的法治教育设施，实体中有虚拟，但是就法治教育实践基地存在的第一要素而言，不仅要划定土地面积，而且在土地上要兴建一定的有形设施，要有相应的法治主题环境布置。法治教育实践基地建设应纳入国家和地方的土体规划，与国民经济和社会发展统筹规划。

这一点，从全面依法治国的战略高度和建设法治国家的长远规划来看，很有必要。

2. 有一定数量的管理人员

法治教育实践基地的管理人员与具体的运营工作人员要结构合理。法治教育实践基地的工作人员既要有必要的法治专业知识、一定的教育学、心理学知识，还要有一定的法治实务经验。随着形势的发展，法治教育实践基地的人员要有相应的专业资格证书才能任职。国家要加强对法治教育实践基地的人员培训，提高法治教育实践基地人员的专业素质和敬业精神。

3. 有一定的资金

法治教育实践基地要成为实体的基地，必须有一定的资金投入。首先，法治教育实践基地的资金，主要依靠国家投资。其次，也要靠社会各方面的集资以及私人投资。资金是法治教育实践基地的基础，资金不足，必然影响法治教育实践基地的正常运行和各种教育活动的开展。法治教育实践基地的资金要独立核算、自负盈亏，要引入市场竞争机制，增强各方对法治教育实践基地的投资热情。

4. 有一定的规章

规章是保证法治教育实践基地运行的章程、规范，各个法治教育实践基地都要重视章程的制定。在制定法治教育实践基地章程时，要广泛听取各方面代表的意见，让法治教育实践基地从建立、建成到成功运行都始终为大多数公民认同，最大限度地发挥法治教育实践基地的作用。法治教育实践基地章程的制定，要遵守国家的法律法规，要参考国家公布的已有的法治教育实践基地的各种指导意见，如《教育部等七部门关于加强青少年法治教育实践基地建设的意见》（教政法〔2016〕16号），对建设法治教育实践基地、制定法治教育实践基地的章程有一定的参考作用。

5. 要经过登记

登记是为了纳入国家统一的、规范管理范围。至于法治教育实践基地的性质，在登记时不必强求一律，可以是非营利性的社会组织，也可以是营利性的经济实体单位；可以是公益性的社会组织机构，还可以是半公益、半盈利的实体组织单位。不论何种形式的法治教育实践基地，都应接受国家的统一管理，并在建立、运行的过程中遵守法律法规和法治教育实践基地制定的章程。各种性质的法治教育实践基地，有可能运行得好、经济效益和社会效益也好，也可能运行得不好、经济效益和社会效益不好，这与法治教育实践基地的性质定位关系不大，所以相关部门在管理法治教育实践基地时要鼓励创办多种性质、多种形式、多种运营方式的基地。

（二）法治教育实践基地在高校法治教育中的意义

1.有利于创新高校法治教育形式

在我国，高校法治教育形式用得最多的还是课堂教学。通过课堂对受教育者进行法治教育，这是我国传统的教育方式，也是主体的法治教育方式。但是，随着教育改革的不断深入，教育形式不断拓宽，不断向更广阔的领域发展。建立法治教育实践基地，在实践基地开展法治教育是对高校课堂教学的创新。在法治教育实践基地开展法治教育，能提高大学生的法治技能，使其对法治知识进行更深层次的感悟，尤其是能学到“活”知识；增强大学生的应变能力，提高高校法治教育的效果。实践基地的法治教育能弥补高校课堂教学的不足，与课堂教学相得益彰。社会法治生活没有止境，法治教育的创新没有止境。法治教育实践基地在人们的不断探索中将变得更加完善，在高校法治教育与法治意识培养中的作用也将越来越突出。

2.有利于提高高校法治教育的针对性、实效性

法治教育实践基地可以针对不同人群的法治教育需求，开展有针对性的法治教育，如针对大学生的身体特点展开法治教育，满足学生对法治知识的要求。

法治教育实践基地比较接近实际的法治社会生活实践，因此在法治教育实践基地开展法治教育，其实效性要强于高校课堂教学或者专题法治教育讲座，尤其是在法治教育实践基地，大学生可以根据自己的需要有选择性地接受某一方面的法治教育，用在法治教育实践基地获得的知识、技能来解决当前面临的实际问题。同样，教育者也可以在法治教育实践基地选择主题、特定对象进行法治教育，提高法治教育的实效性和质量。

3.有利于整合法治教育资源，提高高校法治教育的效益

法治教育实践基地可以对社会上本来存在的法治教育资源进行集中、整合、优化，提高法治教育的效益，高校学生在法治教育实践基地接受法治教育同样能够提升效益。法治教育实践基地可以集中一定数量的有一定法治教育经验的教师，对前来参观学习的人提供咨询、帮助，开展法治教育；可以把各种法治教育设施集中起来使用，发挥法治教育的效益；可以摆放法治教育图片，供人学习；可以对各种数据资源集中存放，便于人们查阅。实践基地对现实生活中的法治资源进行优化，对法治教育主题进行精心设计，使问题意识更为突出，特色更为鲜明。法治教育实践基地能充分、高效地利用法治教育资源，节约法治教育成本，从而克服现实中存在的法治教育低效的缺陷。

（三）法治教育实践基地建设的路径

1. 强化认识，加强规划

法治教育实践基地不仅承担着普法、教育青少年、预防犯罪的作用，而且是国民法治教育的重要战略基地，对建设中国特色社会主义法治国家有重要支撑作用。因此，对法治教育实践基地的认识，不应停留在教育、教育模式的改革、创新阶段，而应该从国家战略高度来认识。我们应该进一步提高对法治教育实践基地的认识，在提高认识的基础上，做好法治教育实践基地的整体规划。

首先，要从国民经济、社会发展的视域规划法治教育，安排好法治教育实践基地的土地规划、经费预算、人才培养、引进等多方面的内容。要制定和进一步完善已有的法治教育实践基地建设和运行的标准，把原则性与灵活性结合起来。要加强评估，完善监督机制。

其次，要建立国家级的国民法治教育实践基地，发挥法治教育实践基地在全面依法治国中的支撑作用。

再次，要整合法治教育资源，发挥政府、社会、公民个人参与法治教育实践基地建设和运行的积极性，特别是要整合公、检、法、司在法治教育方面的职能、设施、人才，最大限度地发挥法治资源的整体作用。还要建立法治教育示范基地，发挥示范基地在法治教育中的引领作用。对法治教育实践基地的建设要高起点、严要求，要与最新的科学技术密切结合。

最后，在规划法治教育实践基地时，要与中国传统的法治文化和各地的地方传统文化、风土人情、人文景观结合，发挥法治教育在人们实现美好生活梦想中的综合作用。

2. 健全运行机制，激发活力

法治教育实践基地要发展，除了有科学合理的制度设计之外，最重要、最关键的是要激发法治教育实践基地发展的动力，使法治教育实践基地在社会主义法治国家的建设中充分展现活力。法治教育实践基地的活力在于内部机制的完善、有效和作用的充分发挥。因此，要把国家规划设计与市场竞争机制结合起来，法治教育实践基地才有生命力。法治教育实践基地不能停留在教育的范畴和领域，法治教育实践基地具有综合性，尤其是具有经济功能。法治教育实践基地的活力离不开它产生的经济效益的支撑，没有经济效益的支撑，社会效益是不能维持长久的。

简言之，法治教育实践基地不仅要能创造精神财富，而且要能创造物质财富，要能改变人的生活状况，这就要求对法治教育实践基地、法治关系、教育关系有一个正确的理解，否则法治教育实践基地就不能激发生命的活力。正如马克思所言："法的关系正像国家的形式一样，既不能从它们本身来理解，也不能从所谓人类精神的一般发展来理解，相反，它源于物质的生活关系。"①

在法治教育实践基地的建设中，要解放思想、大胆创新，让每一个对法治精神有追求的公民，都可以在法治教育实践基地中学习法治、经营管理知识、经验，训练技能，进行科学研究、探索创新。法治教育实践基地是一个以法治事业为主的综合性单位，具有事业性、公益性和企业性，是能给全体人民带来眼前利益和长远利益的实体组织，所以要充分发挥法治教育实践基地在法治国家建设中的试验、支撑作用。

3. 集聚人才，加强研究

法治教育实践基地建设需要大量的人才，所以法治教育实践基地建设的人才仅仅靠国家的组织调配是远远不能满足法治教育事业发展需要的，法治教育实践基地本身要能凝集人才、吸引人才，要能让大批的法治事业有识之士自愿来到法治教育实践基地从事法治教育、法治研究、经营管理。法治教育实践基地的发展依靠人才，人才问题不解决，法治教育实践基地的建设和运行必然处于低层次，更难以发挥法治教育实践基地的综合性社会功能。在初期，法治教育实践基地的人才问题依靠政府等部门的扶持来解决，一旦法治教育实践基地的建设和运营达到一定规模和程度，人才问题就要依靠内生的吸引力来解决。

要想凝聚法治人才，必须遵循人才的成长规律和法治教育实践基地的建设规律。凝聚人才，首先要加强研究，只有加强对法治教育实践基地建设中出现的各种问题的研究，才能真正发挥和把握法治教育实践基地内部诸多因素内在的、本质的、必然的联系，解决法治教育实践基地建设面临的各种挑战和机遇，促进法治教育实践基地的良性发展。

首先，要研究法治教育实践基地的教育功能，特别是要研究对大学生的法治教育的实效性问题，在法治教育实践基地开展法治知识讲座、法治游戏、体验教学、试验模拟，利用动漫、观摩、咨询、参与、戏剧、表演、微电影、虚拟现实、人工智能等，增强法治教育的效益。

其次，要研究法治教育的运行机制，最大限度地激发法治教育实践基地的发

① 马克思，恩格斯．马克思恩格斯选集　第3卷[M]．中共中央马克思恩格斯列宁斯大林著作编译局，译．北京：人民出版社，1972．

展活力。只有解决了法治教育实践基地的活力问题，才能持续地发展法治教育实践基地，有效地开展各种法治教育，培养大量的法治人才，满足社会的各种需要。

最后，要研究法治教育实践基地建设的理论支撑，提高对法治教育实践基地战略定位的认识。没有理论支撑的法治教育实践基地是发展不起来的，也是走不远的，因此法治教育实践基地不能纯粹用来解决实践问题，也要解决理论问题，这就需要加强对法治教育实践基地的研究。

参考文献

[1] 马长山 . 高校法治教育教程 [M]. 北京：中国民主法制出版社，2019.

[2] 姚建龙 . 大学生法治教育论 [M]. 北京：中国政法大学出版社，2016.

[3] 李战国 . 新时代大学生法治教育概论 [M]. 北京：知识产权出版社，2020.

[4] 张妍妍 . 制度自信旨归下大学生法治教育教学研究 [M]. 济南：山东大学出版社，2021.

[5] 王卉 . 课程论视域下大学生思想道德与法治教育研究 [M]. 武汉：武汉大学出版社，2021.

[6] 张妍妍 . 大学生思想道德与法治教育实例研究 [M]. 桂林：广西师范大学出版社，2018.

[7] 全国“八五”普法学习读本编写组 . 大学生法治教育读本 [M]. 北京：法律出版社，2022.

[8] 徐楠 . 大学生法治教育 [M].2 版 . 西安：西安电子科技大学出版社，2021.

[9] 李勇 . 大学生法学常识与法治素养教育研究 [M]. 北京：中国原子能出版社，2019.

[10] 王红梅 . 高校法治教育实效性研究 [M]. 北京：中国社会科学出版社，2021.

[11] 杨苗苗 . 高校法治教育的困境透视与纾困策略研究 [J]. 中国军转民，2023（14）：62-64.

[12] 王婉轶 . 高校法治教育现状探究 [J]. 现代职业教育，2023（18）：169-172.

[13] 吴迪 . 全媒体时代高校法治教育的价值意蕴与深化路径 [J]. 新闻传播，2023（9）：19-22.

[14] 张永红 . 高校法治教育融入思想政治教育的路径研究 [J]. 淮南职业技术学院学报，2023，23（2）：25-27.

[15] 王婉轶 . 高校法治教育发展分析 [J]. 现代商贸工业，2022，43（22）：165-167.

[16] 李彩鹏．新时期高校法治教育教学改革创新探析 [J]. 法制与社会，2020（26）：163－164.
[17] 孟鹏涛，陈延华．新时代高校法治教育优化策略探析 [J]. 黑龙江教师发展学院学报，2020，39（7）：13－16.
[18] 雷高灵，秦澎润．新中国成立以来高校法治教育研究综述 [J]. 法制博览，2020（11）：218－219.
[19] 吴娟．高校法治教育实践教学方式的探索 [J]. 陕西教育（高教），2020（4）：40.
[20] 苗莹．加强高校法治教育的若干建议 [J]. 山西青年，2020（6）：126－127.
[21] 朱文玲．习近平法治思想引领高校法治教育的实践策略研究 [D]. 长春：吉林大学，2023.
[22] 蒋东升．高校大学生网络法治教育研究 [D]. 重庆：四川外国语大学，2022.
[23] 丁蕾．高校大学生法治教育存在的问题及对策研究 [D]. 青岛：青岛大学，2020.
[24] 刘远航．大学生法治教育与德治教育融合研究 [D]. 兰州：兰州财经大学，2019.
[25] 彭武瑶．我国高校学生受教育权保障法治化的路径分析 [D]. 昆明：云南大学，2019.
[26] 任恩岐．依法治国背景下高校学生法治教育问题研究 [D]. 西安：西安科技大学，2017.
[27] 刘洋．新媒体在大学生法治教育中的运用研究 [D]. 绵阳：西南科技大学，2017.
[28] 王音寰．法德结合促进高校法治教育的研究 [D]. 北京：首都师范大学，2009.
[29] 岳伟．高校法治观教育研究 [D]. 青岛：中国海洋大学，2014.
[30] 王逸曼．我国高校法治教育环境研究 [D]. 合肥：安徽农业大学，2013.